U0895550

《悉昙字记》译注

孙庆芳题

徐国兴　译注　孙庆芳　审校

首都师范大学出版社
CAPITAL NORMAL UNIVERSITY PRESS

图书在版编目(CIP)数据

《悉昙字记》译注/徐国兴译注．—北京：首都师范大学出版社，2023.3

ISBN 978-7-5656-7152-4

Ⅰ.①悉…　Ⅱ.①徐…　Ⅲ.①梵语一研究　Ⅳ.①H711

中国版本图书馆 CIP 数据核字(2022)第 158202 号

XITAN ZIJI YIZHU

《悉昙字记》译注

徐国兴　译注

责任编辑　李然　刘人滋

首都师范大学出版社出版发行

地　址　北京市海淀区西三环北路 105 号

邮　编　100048

电　话　68418523(总编室)　68982468(发行部)

网　址　http://cnupn.cnu.edu.cn

印　刷　北京印刷集团有限责任公司

经　销　全国新华书店

版　次　2023 年 3 月第 1 版

印　次　2023 年 3 月第 1 次印刷

开　本　880mm×1230mm　1/32

印　张　5.875

字　数　180 千

定　价　58.90 元

审校者序

这本书的问世是我始料未及的。一是悉昙文字知晓的人太少，二是没有合适的书要想学进去实不容易。为了文化研究的需要，我开设了几次悉昙的课程，本书作者徐国兴先生就是其中一位学而不厌的治学者，在他身上我看到了“为中华崛起而读书”的精神。

悉昙文字很多人可能感到很陌生。因为它无论是在古天竺还是在汉地流行的时间都不算久长。无论是现在的印度还是中国，这种文字都知之者甚少。它在浩瀚的星空中，如同一颗璀璨的流星，虽然停留时间不长，却在有限的时间内发挥了极大的能量。悉昙文字是记录梵语的符号系统，定型于公元6世纪左右，并于两晋时传入汉地。之后在汉地，无论是去天竺取经的汉僧，还是来汉地的梵僧，他们都使用这种文字与汉字对翻出大量的文化资料。因此悉昙在中华思想文化宝库中占有不可小觑的重要地位，特别是在佛学和印度史学中更是占有非常重要的地位。

在唐代，悉昙文字随着梵、汉交流的日益扩大，一度蔚然风靡，至今我们还可以从唐代一些文人的著作中找寻到踪迹。由于这种文字与佛教传播有关，汉地在唐和五代时期出现的两次重大的抑佛事件，也让与之关联的文献史料遭遇了空前劫难。公元9世纪在天竺，悉昙字演化为更看重形式的美术化的城体字；而到了社会再度稳定的宋代，在我国流行的梵字自然就以城体字为主了。最早的雕版印刷术在唐末才刚刚出现，在此之前能够传播和流传的文献多出于手书，所以留存不多，加之近代世界列强纷纷来华寻宝，疯狂掠夺，使本来就有限的遗存漂洋过海，沦落异国他乡。这让悉昙古迹愈加稀有，仅存的也只是藏诸名山或勒诸碑碣，在这些尘封和不便移动的角落中才偶尔可见。由于以上各方面的因素，加之在中国屡受欺凌的背景下，在政治和实业优先的前提下，人们大多急用先学，像悉昙这种不解一时之急的学问，自然很少有人问津。悉昙字逐渐淡出了人们的视野，继宋代之后传入汉地的天竺文献也锐变成了城体字，城体字后来又变化为天城体。元代蒙古族入主中原，喇嘛教以天城体为主导的藏文梵字为主。唐宋使用的两种梵字现存有唐代的《悉昙字记》《涅槃经悉昙章》、宋代的《景佑天竺字源》以及散存于敦煌文书中的零星资料。

国内对于悉昙字的学习与研究比较少，除民国初罗福苌在上海哈同花园开设悉昙课程和重兴唐密的个别人学习外，其他梵文教学基本上都是欧美式拉丁字母转写形式的梵文，这种形式的梵文日本称为罗马字梵文。目前世界各国学者基本上都是使用这种形式的梵字进行学术交流。而在唐代一度极为兴盛的悉昙梵字最后只有极少数人群零星使用，如修习唐密的瑜祇行者等；民国时师奘沙门密林（持松法师）曾撰《悉昙入门》作为唐密学子的悉昙字教材。

由上所述，在学术界悉昙及其音韵被称为绝学，晓知者鲜矣。

今幸有徐国兴先生，不畏枯涩，不断探索，从原始典籍入手，精研细磨，旁征博引，将唐沙门智广这部原汁原味的《悉昙字记》逐字逐句地梳理，变绝学为易学，应今时之需，为深入优秀华夏文化从侧面提供了一把便捷的钥匙。华夏文化是极具包容的文化，对于他山之石向来不盲目排斥，而是力所能及地汲取其适合的养分。因此包罗万象的华夏文化不断地继承、扬弃和吸收各种文化要素，其中被称为华夏文化三大基石之一的佛学自然而然地植根于其中。在佛学文化中国化的过程中唐代是一个最重要的节点。大量耳熟能详的汉语词汇源于梵语，这也是我们现在解读古典文献时感觉颇费周章的一个缘由。徐国兴先生基于扎实的学术功底和不懈的努力从一定程度上补足了这一缺憾。

这部书不但填补了学术上的空白，同时更可视为语言文字工作者和佛教文化研究者一部少有的工具书，对于修学唐密的行者更是系统的学习教材。

我反复读了书稿后发现，徐国兴先生不仅仅是对其中的字句逐一诠解，更为难能可贵的是对《悉昙字记》这部书的结构分析非常透彻合理，这是前人所未示的成果，是学术上的重要贡献。

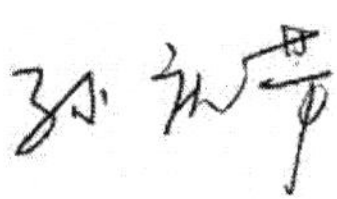

2021 年 11 月记于京西养趣轩

注译者序

一

中华文化上下五千年，既源远流长，底蕴深厚，又如大浪淘沙般吐故纳新，去粗存精，形成了一条气势磅礴、奔腾不息的文明长河。植根于博大精深的传统文化，中国人民的文化自信历久弥笃。中华文化的主旋律，始终是对人类命运共同体的大爱，对中华民族传统美德的弘扬，以及对真理的渴求与坚守。中华文明一方面如浩瀚的大海，胸怀开阔，善于包容，对外域的先进文化兼收并蓄，将其消融为自身的营养；另一方面又如春风雨露，向全世界传播自身优秀文化的种子。

佛教文化传入中国后的发展正体现了中华优秀传统文化的上述特征。习近平主席在联合国教科文组织总部发表演讲时说："佛教产生于古代印度，但传入中国后，经过长期演化，佛教同中国儒家文化和道家文化融合发展，最终形成了具有中国特色的佛教文化，给中国人的宗教信仰、哲学观念、文学艺术、礼仪习俗等留下了深刻影响。中国唐代玄奘西行取经，历尽磨难，体现的是中国人学习域外文化的坚韧精神。"

无论是来华传播佛法的域外高僧，还是去域外求取佛经的国内大德，都要靠自己坚不可摧的意志与信仰的力量，忍常人所不能忍，冒着战乱、盗匪、野兽、毒虫、瘟疫、疾病侵害的危险，跋山涉水，勇毅前行。从三国开始至唐代，虽赴域外求法者络绎不绝，数以百计，但凯旋者却凤毛麟角。很多人倒在了西行或回归的路上，还有些人客死异国他乡。唐代继玄奘之后另一位赴天竺取经的大德义净曾作诗描述西天取经的艰难：

晋宋齐梁唐代间，高僧求法离长安。
去人成百归无十，后者安知前者难。
路远碧天唯冷结，沙河遮日力疲殚。
后贤如未谙斯旨，往往将经容易看。

义净的这首诗告诉后人要怀着恭敬心来看待手中的佛教经典，因为每一部佛教经典都是通过千难万险，甚至是以生命为代价获得的。

不仅取经艰辛，译经同样艰辛。先贤大德们要经过一番呕心沥血，才能把取回的梵文佛教原典翻译为后人能看懂的汉文。由于古印度历史的断断续续，梵文呈现出非常强的时代特征，其书写形式、字体字形都经历了数次面目一新的跃变。东晋时期的法显取回并翻译的还是笈多文字佛典，而到了隋唐时期，玄奘、义净他们面对的梵文则是悉昙文。由于玄奘、义净等人取经的壮烈和朝廷对译经工作的重视，唐代僧俗两众间都掀起了学习、使用悉昙的热潮。

二

一些西方语言学家认为梵文是一种音素文字。从现代流行的天城体梵文以及用于其音译的拉丁字母转写来看，这种说法是有一定道理的。但是天城体梵文相对于其源头的古梵文，在字词的义、形、音方面都发生了巨大变化。这不仅表现为现代梵语和古代梵语在发音方面的差异。古梵语中的一些词由于长期不用，在现代梵语中看不到了；同时在现代梵语中又增加了很多古梵语中所没有的词汇。即使是相同的字，古今梵语可能也是形如草隶，义若鱼鲁。

举一个简单的例子，昙无谶翻译的《大般涅槃经》卷第八说："吒者，于阎浮提示现半身而演说法，喻如半月，是故名吒。咃者，法身具足，喻如满月，是故名咃。"这里的"吒"，对应的古悉昙梵字为𑖘，"咃"对应的古悉昙梵字为𑖙。以𑖘、𑖙分别比喻半月和满月，象征着"示现半身而演说法"和"法身具足"，其文字的象形特性是显而易见的。在现代梵语采用的天城体字母中，虽然有些字母和古梵语字母在字形上仍有相似之处，但很多字形已经面目全非了，更不用说用拉丁字母转写的梵文。

因此，与现代梵语比较，古梵语不仅是音素文字，也是象形文字。研究古代佛教文化，只掌握现代梵语是远远不够的。虽然以拉丁字母转写的注音可以在现代梵语的词汇和古梵语的词汇之间建立一一对应（前提是这样的词汇在古梵语和现代梵语中同时存在），但是可能此音非彼音，此形非彼形，此义也非彼义。更重要的是，古梵语的文字在作为一种宗教语言使用时，还有特殊的象征意义，这是现代梵语的文字难以表达的。

悉昙是古梵语的一种，悉昙梵语对中国佛教文化乃至整个亚洲佛教文化的发展都具有划时代的意义。悉昙梵语从两晋时期传入中国，伴随着悉昙梵语的传入，佛教文化在中国大地上得以更快地生根并发扬光大，进而传播到日本、朝鲜半岛及其他国家和地区。据义净的《南海寄归内法传》记载，在当时的古印度，作为五明之一声明的《悉昙章》《苏呾啰》《驮睹章》《三弃攞章》《苾栗底苏呾啰》等，均是古印度当时僧俗悉皆通学书籍。当然出家僧人除此之外还要学习更多的内容。《悉昙章》是儿童识字教材，“本有四十九字，共相乘转，成一十八章，总有一万余字，合三百余颂，……六岁童子学之，六月方了。”[①]

而比义净更早时期的玄奘在《大唐西域记》卷第二中也说，悉昙十二章是古印度地区孩童的“开蒙诱进”教材。“七岁之后，渐授五明大论”，其中包括声明的《释诂训字》《诠目流别》。至于悉昙梵文在古印度的普及程度，玄奘的《大唐西域记》记载：“流演支派，其源浸广。因地随人，微有改变。语其大较，未异本源。”可见古印度当时各地域方言略异，本源一致，即都使用悉昙梵语。《悉昙字记》的作者智广所处的年代要比义净晚很多，从该书的“叙”来看，悉昙梵文不仅在五天竺流行，对边境地区、邻国也都产生了深远影响。只是边远地区使用的悉昙文受自身风俗影响，不够纯正罢了。

文化的异国传播首先要过语言关。例如从天竺和西域入汉的

① 义净著、王邦维校：《南海寄归内法传校注》卷四，第234页。中华书局，2020年。

僧人首先要学会汉语，赴天竺取经的中国人也必然要花很大的力气学习梵文。佛教史上杰出的译经师鸠摩罗什，其父出生于天竺望族，自己成长于西域，在被后凉政权滞留的十几年间学习了汉语，其语言优势不言自明。据史料记载，东晋的法显、唐代的玄奘、义净都是在赴天竺取经的过程中学习并掌握了梵语。玄奘到达中天竺的那烂陀寺后，在那里师从戒贤，在长达五年的时间里，一边研修佛教经典，一边学习梵文。他能在和“顺世论”者及小乘论师的辩论中获胜，除了在佛教经论和修行方面的造诣出类拔萃之外，还有一个前提，就是他在梵文表达方面也必然能够做到通达无碍。玄奘离开那烂陀寺后遍游天竺诸国，再回那烂陀寺时开始宣讲大乘经典，在当地享有极高声誉。

义净回国时，携带梵文经典四百部，带回大小乘佛教经律论共五百二十夹，六百五十七部。义净为帮助人们学习梵文，编写了悉昙体《千字文》。数十年后的智广因访求陀罗尼音旨而不得，师从天竺僧人般若菩提，并将笔记整理成了《悉昙字记》。这些事实再次说明玄奘、义净等人取回并翻译的经典，主要应是悉昙梵文原典。然而由于后来的朝代更迭和战乱，绝大部分佛经原典都没有保存下来，就连这一本唐代唯一的悉昙学入门教材《悉昙字记》也于宋代遗失，直到民国时期，才在海外发现。

三

“记”是古代的一种文体，它是作者对经验过的某种事物的记忆、记录及关于事物的知识、认识进行系统化地整理加工后形成的文献。“悉昙字”是当时流行于天竺各地区的梵语的文字，即悉昙体的梵字。《悉昙字记》是关于悉昙字构字规律和发音规律的一本著作，由作者智广根据南天竺僧人般若菩提传授的悉昙字知识加工、整理而成。副标题“南天竺般若菩提悉昙”说明了该书介绍的悉昙文字师从何人，传授者来自何处。这个标注非常重要，充分反映了古人治学的严谨和谦逊。古代语言的传授主要靠口传、耳听、眼识，很难统一和标准化，因此同一种语言就会形成地域差异，即使同一地域不同人的发音、书写也有差异。由此可见，中国印刷术的发明首先推动了语言文字在字形上的统一，对人类语言的进步乃至世界文明的进步无疑都是巨大的贡献。“大唐山阴沙门智广记”标明了作者及其身份，以及《悉昙字记》成书的年代。“大唐”是唐朝时期国人对国名的尊称。“山阴”是地名，因为历史上对智广的生平记载不详，我们只能推断“山阴”既可能是智广出生的地方，也可能是他出家修行的地方。据郭元兴先生考证，作者智广卒于元和元年，《悉昙字记》应当成书于唐贞元十年到唐元和元年（公元 794—806 年）之间。①

本书采用的《悉昙字记》以金陵刻经处 2011 年的刻本为主，同时也参照了《悉昙字记闻书》《悉昙字记私记》《佛藏辑要》等典籍中的版本。各个版本中的《悉昙字记》都是由两个看似重复的部分组成，因为两个部分的章节名称和结构相似，都是悉昙十

① 郭元兴：《悉昙字记》，《中国佛教》第四辑，第 101 页。东方出版中心，1985 年。

八章，每一章也说的是同样的内容。因此有人怀疑《悉昙字记》是把两个不同的抄本合到了一块儿。甚至还有人怀疑这两个本子为不同的人所著。这种怀疑也有一定的道理，比如很多经典文献都有不同的版本，而不同版本的内容也有差异，甚至差异很大。例如老子的《道德经》，除了民间流传的版本外，还有马王堆汉墓帛书甲乙本和郭店楚墓竹简本。

但是如果读得仔细一点儿，我们就会发现《悉昙字记》的前后两个部分是有内在联系的，虽然结构章序相同，但是在内容上是互为补充的。比如前一部分被日本的悉昙学家标为“叙”的几段文字在后一部分就没有出现。后一部分没有任何“叙”或“序”，在礼敬句之后就直接进入悉昙正文。这说明《悉昙字记》不是两个版本的简单重合，更不可能是不同著者写的不同本子。深入内容，可以看出前后两部分合到一起，才是一个完整的有机整体。前一部分是悉昙体“梵书之大观”，即关于悉昙文字的概述，由悉昙字母生出其他悉昙字的生字规则和筛选规则。后一部分则是以范例讲解各章悉昙字如何生成、如何发音以及按照每一章的生字规律能生成哪些字。因此笔者在译注时，把原书分为《悉昙字记》上、下篇，上篇和下篇既相互独立，又密不可分，反映了原书前后两个部分的区别和联系。

四

悉昙，也称“悉谈”“悉檀”“悉旦”“肆昙”，等等，对应的悉昙原文是𑖭𑖰𑖟𑖿𑖠𑖽，拉丁字母转写注音为siddhāṃ。

悉昙首先是指一种梵语书写字体及体现为这种书写字体的梵语。悉昙字体的前身是笈多王朝时期流行的笈多字体，笈多字体来源于公元前3世纪出现的婆罗米文字，笈多字体后来分别演化为悉昙字体、城体、萨拉达体等多种字体。据说东晋时期的鸠摩罗什和法显所译的佛经主要是笈多文字原典。悉昙体的梵文在公元6世纪已经在古印度流行。日本现在保存有遣隋使小野妹子于公元610年从中国带回的两页悉昙文贝叶经，上面载有目前世界上所存最早的梵文心经。悉昙体梵文到了唐代末期渐渐消失，公元1035年宋代出版的《景佑天竺字源》所用的已经是城体了。

其次，狭义的悉昙是指梵字的十二韵，即𑖀、𑖁、𑖂、𑖃、𑖄、𑖅、𑖊、𑖋、𑖌、𑖍、𑖀𑖽、𑖀𑖾，这十二个韵母，又称为摩多。《悉昙字记》说：“其始曰悉昙，而韵有六，长短两分，字有十二。”意思是位于梵字之首的韵母称为悉昙，分成六组韵，每组分为长短两音，共十二个字。

悉昙也是指“原始垂则四十七言”，即梵文的三十五个声母（体文）和前面狭义悉昙所包含的十二个韵母（摩多）。梵文的体文和摩多本身都是梵字，同时又是构成其他梵字的基础，因此又被称为根本字。如果算上鲁、流、卢、楼（𑖆、𑖇、𑖈、𑖉）四个舌根音，实际上有五十一个根本字。丁福保的《佛学大辞典》中对悉昙有如是解释：“悉昙者，别指摩多（母韵）、体文（子韵）之四十七言。涅槃经所谓半字者是也。”

以上三层意思都是就悉昙所包含的内容或者是悉昙的外延

而言。就字义来说，悉昙在梵文中表示“成就”“圆满”。我们可以从两个方面来理解悉昙的成就或圆满。其一是声明成就，就是作者智广在书中所说：“俾学者不逾信宿，而悬通梵音，字余七千，功少用要，懿夫，圣人利物之智也。”其意思是通过本书的学习，掌握通过四十七个根本字生成其他梵字的方法，能够在很短的时间内掌握七千多个梵字。这就是文字成就或声明成就。当然要完全掌握梵语，光知道生成字的方法是不够的，还要学习词汇、语法，但是《悉昙字记》毕竟是迅速取得声明成就的一条捷径。另外一个成就是指智慧，即通过字门，契入般若波罗蜜门，圆满智慧成就，证得般若。正如《悉昙字记》所说：“总持一文，理含众德，其在兹乎！”

五

若干年前，我因从事佛教文献英汉对译研究，急需学习梵文，却遍访老师而不得。正当春苗久旱求雨之际，我幸运地遇到了恩师孙庆芳先生。当时心情之激动，恐怕不亚于当年智广之遇其师般若菩提。庆芳老师不仅国学造诣深厚，在梵文尤其是古梵文方面更是得到了先贤郭元兴先生的亲传。老师开讲梵文首选的金陵刻本《悉昙字记》成了我的第一本梵文教材，听课之后，方觉孙老师用心良苦，教法独到。学习了古梵文，再读《华严经》《大智度论》等大乘经典，顿感受用迥异。因此本书得以完成，首先要感谢孙老师对我的悉心教授和指导，以及他在书稿完成后对此书所做的精心的审校工作。

本书的完成也离不开家人的支持和帮助。其中我要特别感谢我的夫人隆臻女士，她从时间和经济方面为本书的写作提供了有力保障。她不仅以弘扬传统文化的情怀和责任感时刻激励着我，还和我一起在灯下补充了字库中缺少的大量梵字。

同时，我还要感谢提供宝贵资料的岳小丁先生、组织悉昙梵文课程的颜澜女士，以及首都师范大学出版社的领导和编辑同志，你们对优秀传统文化的热忱，推动了本书的进程。

最后还要感谢中华书局古联公司，该公司开发的中华梵文悉昙体字库输入法，是中国大陆自有版权的第一款梵文输入法，该输入法本着公开、公益的原则，免费向社会开放使用。本书的写作和排版过程因为有了这一款输入法而极大地提高了工作效率。

经过夜以继日的整理，终于可以将此书付梓出版，希冀学习古梵文的朋友借助本书能够收获事半功倍的效果。

徐国兴

2021 年 10 月 11 日子时

目　录

悉昙字记·上篇

悉昙字记

（南天竺般若菩提悉昙）

大唐山阴沙门智广记

【原文】

悉昙[1]，天竺[2]文字也。西域记[3]云：梵王所制[4]，原始垂则四十七言[5]。寓物合成[6]，随事转用[7]；流演支派，其源浸广[8]。因地随人，微有改变，而中天竺[9]特为详正[10]。边裔殊俗，兼习讹文[11]，语其大较，本源莫异[12]。斯[13]梗概[14]也。

【译文】

悉昙是天竺地区的语言文字。《大唐西域记》里记载：据说（悉昙）是大梵天王创造的语言文字，最初有四十七个字。这些字相互组合，反映不同的事物及其变化。悉昙文字通过分化演变，形成了不同的分支，其影响广泛深远。该语言随着地域和人群的不同而略有不同，其中以中天竺地区最为完整规范。边远地区的语言差异比较大，习俗中还夹杂着一些以讹传讹的成分。但是从总体上看，各个地域、各个人群使用的语言其本源是相同的。以上是对悉昙文字的一个大概介绍。

【注解】

1．悉昙：梵文为𑖭𑖰𑖟𑖿𑖠𑖽，原意为成就、完美、吉祥。从这一段文字介绍来看，悉昙体的梵文是当时天竺诸国普遍使用的一种语言文字。

2．天竺：音译，其地域横跨印度河领域，覆盖现在的印度、巴基斯坦等国家。大唐高僧玄奘在《大唐西域记》中认为对天竺最正确的音译是“印度”[①]。本书沿用《悉昙字记》的音译。

3．西域记：即唐代高僧玄奘、辩机所著的《大唐西域记》。唐三藏法师玄奘于贞观元年（公元627年）从长安出发，远赴天竺寻求经典，探究真理，历经18年，于贞观十九年（公元645年）回到长安。应唐太宗要求，玄奘口述其西天取经的经历，经其弟子辩机整理，于贞观二十年（公元646年）成书。

4．梵王所制：古天竺传说他们的文字为梵王所创造。“梵王所制……特为详正”，这段话引自《大唐西域记》（卷第二·三国·印度总述·文字）。梵王：大梵天之王。佛教把世界细分成六道三界，三界即欲界、色界、无色界。梵天是指第二界色界的大梵天。因为色界虽有质体，但无染无欲，所以“梵”有清净、洁净之意。制：创造，发明。

5．原始垂则四十七言：最初有四十七个字。原始：最初的。垂则：流传下来的文字规则。四十七言：指悉昙梵字的四十七个基本字，包括三十五个体文和十二个韵文。《悉昙字记》后续的

---

① 参见玄奘、辩机著，董志翘译注：《大唐西域记》（卷第二·三国），第112页。中华书局，2012年。

十八章主要说明如何通过这四十七个字衍生出七千多个悉昙字。因为这四十七个字是构成悉昙文字的基础，因此也可以称之为字母。

6．寓物合成：通过字母的组合反映各种事物的属性。寓：包含，含摄。

7．随事转用：通过字母的组合揭示事物的发展变化。随：随着，根据。

8．流演支派，其源浸广：形成了不同的分支，其影响广泛深远。流：流变。演：演化。支派：分支。浸：渗透，深入。广：广泛。

9．中天竺：天竺的中部地区。

10．特为详正：最为完整规范。特：特别，最。详：完整，完备。正：正确，规范，标准。

11．边裔殊俗，兼习讹文：边远地区的语言差异比较大，习俗中还夹杂着一些以讹传讹的成分。边裔：边远地区的族群。殊：不同。俗：习俗，此处指语言习惯。兼：另外，再加上，又。讹：讹传。

12．语其大较，本源莫异：古天竺地区虽然各地语言略有差异，但大体上都源于悉昙文字。语：就……而言。大较：大致，总的来说。本源：根本来源，最初的源流。莫异：没有差异。

13．斯：这。

14．梗概：大致情况，概况。

【原文】

顷[1]尝诵陀罗尼[2]，访求[3]音旨[4]，多所差舛[5]。会[6]南天竺沙门般若菩提[7]，赍陀罗尼梵挟[8]，自南海而谒[9]五台[10]，寓[11]于山房[12]。因[13]从[14]受[15]焉。与唐书旧翻[16]，兼详[17]中天[18]音韵[19]，不无差反[20]。考核[21]源滥[22]，所归[23]悉昙。

【译文】

最近我曾诵读陀罗尼，但请教别人得来的发音方法存在很多差错。正好南天竺的僧人般若菩提，带着陀罗尼梵挟，从南海来拜谒五台山，住在五台山客房。由于这个机缘，我得以跟在法师身边受教。如果按照中天竺的音韵来详细考证，无论是唐代的翻译还是唐代以前的旧译，都存在错误。但是究其源头，这些翻译的依据归根到底源于悉昙原文。

【注解】

1．顷：时间较短，这里指不久以前，最近。

2．尝诵陀罗尼：（我）曾经读诵陀罗尼。尝：曾经。诵：读诵，诵经，诵咒。陀罗尼：悉昙梵文𑖠𑖯𑖨𑖜𑖱（dhāraṇī）的音译①。

---

① 本书的注音凡是没有特别注明为“汉语拼音”的，均默认为梵文的拉丁字母转写。

丁福保的《佛学大辞典》对陀罗尼作如下解释：“又曰陀罗那，陀邻尼。译作持，总持，能持能遮。以名持善法不使散，持恶法不使起之力用。分之为四种：一法陀罗尼，于佛之教法闻持而不忘也，又名闻陀罗尼。二义陀罗尼，于诸法之义总持而不忘也。三咒陀罗尼，依禅定发秘密语，有不测之神验，谓之咒，咒陀罗尼者，于咒总持而不失也。四忍陀罗尼，于法之实相安住，谓之忍，持忍名为忍陀罗尼。……今日常指咒陀罗尼曰陀罗尼。”此处的陀罗尼应是常说的咒陀罗尼，因咒陀罗尼译经时通常只音译，故智广“访求音旨”，想知道原文的正确发音。

3．访求：寻访求教。

4．音旨：正确发音。

5．多所差舛：大都有差错。差：差错。舛：舛误。

6．会：当……的时候。

7．南天竺沙门般若菩提：天竺南部地区的僧人般若菩提。南天竺：天竺南部地区。沙门：梵文𑖫𑖿𑖨𑖦𑖜（śramaṇa），指皈依佛法出家修行的人，即僧人。

8．赍陀罗尼梵挟：携带着书有陀罗尼经咒的梵挟。赍：携带。梵挟：梵挟也称为梵夹。梵，用梵文书写的佛教经典。挟，天竺当时以贝多罗树叶（简称“贝叶”）作为记录文字的媒介，将多片记有文字的贝叶以木片固定，称为挟。

9．谒：拜谒，这里指南天竺的和尚般若菩提到五台山朝山，因五台山是文殊菩萨的道场。

10．五台：五台山。

11．寓：寄居。

12．山房：五台山的客房。佛教道场通常会建有客房供来访的出家人短期居住。

13．因：因此，由于这个因缘。

14．从：跟从。

15．受：以……为师，接受……教授。

16．唐书旧翻：唐代的翻译或唐代以前的旧译。唐书：唐代的翻译。旧翻：唐代以前的翻译。旧翻也称旧译。

17．详：详察，全面考究。

18．中天：中天竺之略，古天竺中部地区。

19．音韵：发音及韵调。

20．不无差反：存在差异和错误。差是不同，是小错；反是背离，即大错。

21．考核：考察核校。

22．源滥：发源于。

23．所归：归结于，汇归于。

【原文】

梵僧[1]自云：少字[2]学于先师般若瞿沙，声明[3]文辙[4]，将尽[5]

微致[6]。南天[7]祖承摩醯首罗[8]之文，此其是也。而中天兼以龙宫之文，有与南天少异[9]，而纲骨必同[10]。健驮罗国[11]喜多迦文[12]独将尤异。而字之由[13]，皆悉昙也。因请其所出，研审翻注。即其杼轴[14]，科[15]以成章。音虽少殊[16]，文轨[17]斯在。效[18]绝域[19]之典[20]，弗尚[21]诡异[22]。以真言[23]唐书召[24]梵语，仿佛[25]而已，岂若观其本文哉!

【译文】

梵僧般若菩提自己介绍说，他年轻时跟先师般若瞿沙学习文字，他的老师在语言、音韵方面的指导细致入微。南天竺继承的是大梵天创造的文字，这是它的优点。中天竺使用的文字还兼有龙宫的传承，因此与南天竺稍有差异，但是总体架构是相同的。健驮罗国的喜多迦文尤其与众不同，但它同样也是源自悉昙。因此，笔者对这些语言的源头——悉昙，进行了考详、翻译、注解工作，理出了经脉层次，并分成章节。天竺各地语音不尽相同，但悉昙文字的规则就在其中。本书工作的宗旨是找到天竺的音律韵辙，而不是追求标新立异。通过翻译过来的唐音经咒来反推梵文，得到的结果最多不过是相似而已，哪里能够和直接观览原始文字相提并论呢。

【注解】

1. 梵僧：古代泛指域外来的僧侣。这里指般若菩提。

2．少字：自幼年到青年时代。少：少年，幼年。字：青年。《礼记·曲礼上》云：“男子二十，冠而字。”这里用“冠而字”代指人进入青年、成年时代。

3．声明：五明之一。五明是佛教认为大乘菩萨应该掌握的五门学科知识和技艺，包括声明、工巧明、医方明、因明、内明。声明是语言文字、文法、声韵方面的知识。工巧明是工艺、制作方面的知识和技巧。医方明是药学、医学方面的知识。因明是逻辑学、论理学方面的知识。内明则是明心见性修行证悟之道。

4．文辙：文字声韵。

5．将尽：几乎，接近。

6．微致：精微细致。

7．南天：南天竺，及天竺南部地区。

8．摩醯首罗：梵 𑖦𑖮𑖸𑖫𑖿𑖪𑖨 maheśvara ）的音译，在佛教所说的三界中，摩醯首罗位于色界之顶色究竟天。摩醯是大，首罗是自在，所以摩醯首罗按义译就是大自在天。

9．有与南天少异：又与南天竺文字稍有不同。有：又。少：稍微，少量。

10．纲骨必同：主体框架肯定相同。纲：纲要。骨：主体骨架。必：肯定。

11．健驮罗国：又译为犍驮逻、健陀罗、干陀罗、干陀卫、干陀等。《大唐西域记》记载：健驮逻国东西千余里，南北八百余里，东临信度河，国大都城号布路沙布逻。[①]

12．喜多迦文：健驮罗国使用的语言。

13．由：由来，来源。

14．杼轴：原指纺织机中的两个分别操控经线和纬线的关键部件，这里指语言文字的基本组成架构和层次脉络。

15．科：分类，按种类或属性不同划分。

16．少殊：稍微有些差别。少：稍微。

17．文轨：文字的规则、规律。

18．效：效法，遵循。

19．绝域：绝远之地，这里指天竺。

20．典：经典，典范，标准，规范。

21．尚：崇尚，追求。

22．诡异：怪异，奇特。

23．真言：音译的咒语。长咒称为陀罗尼，短咒称为真言。

24．召：召唤，这里指以唐书真言反推梵文的发音。

25．仿佛：好像，相似。

【原文】

俾[1]学者不逾信宿[2]，而悬通[3]梵音[4]，字余七千[5]，功少用要[6]，懿夫[7]，圣人利物之智也。总持一文，理含众德，其在兹

---

① 参见玄奘、辩机著，董志翘译注：《大唐西域记》（卷第二・三国・健驮逻国），第 141 页。中华书局，2012 年。

乎！虽未具观彼史诰之流别，而内经运用，固亦备矣。然五天[8]之音[9]，或若楚夏[10]矣，中土[11]学者，方审详正[12]。窃书简牍[13]，以记[14]遗文[15]。

【译文】

让学习的人在不过两三天的时间就通达梵文音韵的玄妙，掌握七千多个梵字，事半功倍，多么美妙啊。这正体现了圣人利益万物、以一文陀罗尼而摄持全部功德的智慧！虽然并未完整详细展示其流派支别及其历史，但是内在的真谛和方法已经囊括其中了。天竺的发音东、南、西、北、中多有差异，这就像我国南楚方言和诸夏不同一样，而中土的学者正在开始这方面的详察考正。因此我写了这本书，希望后来的学者能通过我的笔记掌握悉昙文字。

【注解】

1. 俾：让，使。

2. 不逾信宿：不超过两三天。逾：超过。信宿：两三日。

3. 悬通：悬解通晓。悬：悬解。通：通晓，了悟。

4. 梵音：梵文音韵。

5. 字余七千：这里指本书覆盖的七千多个悉昙字。

6. 功少用要：功夫虽少，但是都用在了紧要之处。功：功夫。用：功夫的利用。

7. 懿夫：表示赞叹。懿：美好。夫：语气词。

8. 五天：东、南、西、北、中五个天竺地域。

9. 音：语言，语音。

10. 楚夏：南楚和诸夏。

11. 中土：中原地区。

12. 方审详正：刚开始详查考证。审：检视查验。详：辨别。正：考正。

13. 窃书简牍：编写了本书。窃：对自己的谦称。书：编写。简牍：简是竹片或竹板，牍是木片或木板。简和牍是造纸术发明以前古人书写、记录的媒介，小竹片称为简，大竹片称为策，木片称为牍。这里用简牍代指本书，有自谦之意。

14. 记：记载、记录、笔记。

15. 遗文：有两种解释，一种认为遗文为零星散落的文字；一种认为遗是遗传，文即悉昙文字。

【原文】

古谓梵书曰胡文[1]者。案西域记[2]，其阎浮地之南[3]，五天[4]之境，梵人居焉。地周[5]九万余里，三垂大海[6]，北背雪山[7]。时无轮王膺运[8]，中分七十余国，其总曰五天竺，亦曰身毒[9]，或云印度[10]，有曰大夏是也。人远承[11]梵王，虽大分[12]四姓[13]，通谓之婆罗门国。佛现于其中，非胡土[14]也。而雪山之北，傍临葱岭，即胡人居焉。其字元制[15]有异，良以境邻天竺文字参涉[16]。所来经论，咸依梵挟，而风俗则效习其文[17]，粗[18]有增损。自古求请佛经，多于彼获之。鱼鲁浑淆[19]，直曰胡文，谬也！

【译文】

我国古代有人称梵文为胡文。根据《大唐西域记》记载，梵人住在阎浮世界南部的五个天竺地区。五个天竺地区全部边境总长九万多里，三面是大海，北面背靠雪山。当时没有轮王应运降世，五个天竺分成七十多个小国家，合起来称为五天竺。天竺又称为“身毒”，也叫“印度”，也有称“大夏”的。其居民祖承于梵王，虽然大体上分为四个种姓，但是统称为婆罗门国。佛就是在这里示现的，这里并不是胡人的范围。而雪山的北面紧靠葱岭的地带，才是胡人居住的地方。此地初创的文字与梵文不同，但是很久以来却深受近邻天竺语言的影响。这里流通的经论都是依据梵挟，风俗习惯也是仿效五天竺的文化，只是略有增减而已。自古以来求请的佛经大都从这个地方获得。所以说，把梵文直接说成胡文，真是鱼鲁混淆，简直太荒谬了！

【注解】

1．胡文：胡地的语言。胡是我国当时对西部少数民族地区的称呼。

2．案西域记：根据《大唐西域记》记载。案：根据。

3．阎浮地之南：阎浮世界的南部。阎浮，即阎浮世界，指人类所居住的世界。之南：阎浮地的南部地区。

4．五天：天竺。五：东、南、西、北、中。

5．周：边境的周长，即边境线的长度。

6．三垂大海：三面都是大海。垂：边陲，交界，临近。

7．北背雪山：北面背靠雪山。雪山即喜马拉雅山，因常年积雪，故得名。

8．膺运：应期而至。

9．10．身毒、印度：身毒、印度或天竺都是对梵文𑖭𑖰𑖡𑖿𑖠𑖲（sindhu）的音译，指现代的印度次大陆地区。玄奘认为，根据梵文发音译为印度较为贴切。《大唐西域记》关于印度总述一节提到："详夫天竺之称，异议纠纷，旧云身毒，或曰贤豆，今从正音，宜云印度。"[①]

11．远承：祖承。

12．大分：总体上分为。

13．四姓：四个种姓。

14．胡土：胡人所处地域。

15．元制：文字最早的发明设计。

16．参涉：原意是干扰、牵扯，这里指"胡文"深受梵文影响。

17．文：文化习俗。

18．粗：粗略。

19．鱼鲁浑淆：把两件本不相同的事物颠倒或混淆。鱼和鲁的草书非常相似，容易写错，故说鱼鲁混淆。

---

① 参见玄奘、辩机著，董志翘译注：《大唐西域记》（卷第二・三国・印度总述・释名），第99页。中华书局，2012年。

【原文】

其始[1]曰悉昙。而韵[2]有六[3]，长短两分[4]，字十有二[5]，将冠下章之首。对声呼而发韵[6]，声合韵[7]而字生焉，即𑖀阿[8]上声短呼[9]、𑖁阿[10]平声长呼[11]等是也。其中有𑖆纥里二合等四文[12]，悉昙有之，非生字所用[13]，今略也。

【译文】

悉昙首先是指悉昙梵语的韵。悉昙的韵分为六组韵母，每组又各分为长音和短音两个韵母，因此共计有十二个韵母。下一章一开始就会讲到这十二个韵母。对着声母，发韵母的韵，声和韵相合，就衍生出一个新字。这就是𑖀（音译“阿”，上声，短音）、𑖁（音译“阿”，平声，发长音）等韵母的作用。另外还有𑖆（音“纥里”，双音字）等四个字母，悉昙里面虽然确实存在这几个字母，但是它们不能用于衍生新字，因此暂且略去。

【注解】

1．其始：开始，最初。

2．韵：悉昙字发音的韵部。悉昙字的每一个韵对应着一个悉昙字母，即韵母。每一个韵母实际上也是一个独立的、有意义的悉昙字。

3．六：六组韵或六组韵母。

4．长短两分：每一种韵细分成长韵和短韵。

5．字十有二：代表短韵的悉昙字和代表长韵的悉昙字总共有十二个，即𑖀、𑖁；𑖂、𑖃；𑖄、𑖅；𑖊、𑖋；𑖌、𑖍；𑖀𑖽、𑖀𑖾。

6．对声呼而发韵：从体文字母（又称声母、子音）的发声位置开始，让气流呼出，发韵母的音。

7．声合韵：声和韵相合。

8．𑖀阿：𑖀是第一组悉昙韵母的短韵，在佛经中一般译为“阿”。

9．上声短呼：唐代发音的声调分为“平”“上”“去”“入”四声；𑖀发“上声”，但音程较短，相当于正常音程的二分之一。

10．𑖁阿：𑖁是第一组韵母的长音，和𑖀发音部位相同，但口张得略大，音长约是𑖀的两倍。𑖀、𑖁除张口前小后大、音程前短后长之外，发音还有一点不同，即𑖀是喉内音，发𑖀时气流不送入口腔；读𑖁时口张大，气流经口腔呼出。

11．平声长呼：平声是四种声调的第一声；长呼即长音，音程相当于短音的两倍。

12．𑖆纥里二合等四文：指𑖆、𑖇、𑖈、𑖉四个字母，即《大般涅槃经·如来性品》里面说的“鲁流卢楼”。这四个字母现在也称为颤音或抖舌音。“纥里”是𑖆的音译，“二合”是指一个字的读音是由两个音合在一起的。

13．悉昙有之，非生字所用：悉昙韵里有这四个字母，但是这些字母不用于衍生新字。生字：生成新字，即由若干个字母组合成一个新的悉昙梵字。

【原文】

其次体文[1]，三十有五[2]。通前悉昙[3]，四十七言明[4]矣。声之所发[5]，则牙、齿、舌、喉、唇[6]等，合于宫商[7]，其文各五[8]。

【译文】

其次是构成字的形体的字母，称为体文。体文共有三十五个，和前面的悉昙十二韵加一起，“原始垂则，四十七言”这句话的含义就明白了。体文代表悉昙字发音的起始，分为牙声、齿声、舌声、喉声、唇声共五组，分别对应着音律中的宫、商、角、徵、羽。而每一组又各有五个体文字母。

【注解】

1．体文：即悉昙文字的声母。悉昙文字的字是由体文字母和韵母合成的，在悉昙字的结构中，体文构成了字的形体，韵母简化为“摩多点画”——代表韵母的点画符号。如𑖎𑖯，是由体文字母𑖎和代表𑖁的□𑖯构成的。在𑖎𑖯的字形中，我们只能看到𑖎的形体，而𑖮的形体的主要骨架都隐去了，只剩下了右上角的摩多点画。从发音的角度来说，体文和韵母分别代表悉昙字的声和韵，因此后人也把体文称为“声母”。和韵母一样，每一个体文也是一个有独立意义的梵字。

2．三十有五：共三十五个体文。

3．通前悉昙：和前面的悉昙十二韵加到一块。通：连同。前悉昙：前面说的悉昙十二韵。

4．明：明白，清楚。

5．声之所发：开始发的声，或发音器官开始发声的位置。

6．牙、齿、舌、喉、唇：体文字母按发音位置分为五组，即牙声、齿声、舌声、喉声、唇声。

7．宫商：宫、商、角、徵、羽，是古代音律中的五音。

8．其文各五：牙、齿、舌、喉、唇五组体文每组各有五个体文。

【原文】

遍口之声文有十[1]。此中𑖨啰曷力遐三声合[2]也，于生字[3]不应遍诸章[4]。诸章用之，多属第八[5]。及成当体重[6]，或不成字[7]，如后具论[8]也。

【译文】

发遍口声的字母有十个。其中的𑖨（音译啰，相当于曷、力、遐三个字合在一起的发音）不是每一章都能用它来衍生新字。各章遇到𑖨时，通常归到第八章。另外还有当体重或者无法用于衍生新字的情形，都会在后面遇到时再详细介绍。

【注解】

1．遍口之声文有十：有十个遍口声字母。这十个遍口声字母是：𑖧、𑖨、𑖩、𑖪、𑖫、𑖬、𑖭、𑖮、𑖩𑖽、𑖎𑖿𑖬，它们发音时，要让声音充满整个口腔，所以称之为遍口声。

2．曷力遐三声合：𑖨的发音类似于汉字曷、力、遐三个字的发音组合。

3．生字：由字母拼合成新字；衍生出新字。生：生成、组成、拼合。悉昙梵文的体文和韵母本身也是独立的梵字，称为基础字，由基础字组拼成新的悉昙梵字的过程在《悉昙字记》中称为“生字”。

4．不应遍诸章：不是各章都能用𑖨来衍生新字。

5．多属第八：大都归到第八章。悉昙第八章的生字方法是取𑖨的上半体和其他体文字母的下半体，再加上韵母的点画符号组成新字。

6．成当体重：形成一个体文在同一个悉昙字中紧挨着重复出现。成：形成，造成。当体重：自己与自己紧挨着重复出现。

7．不成字：不能生成字。

8．如后具论：在后面会具体论述。

【原文】

罗声，全[1]阙生用[2]，则初章通罗除之一。除罗字，罗鉴反[3]。

【译文】

体文字母 音译“罗”，在任何一章都不能用来生字。因此初章在生字的体文序列中除掉了一个“罗”字。除去的“罗”字发音取“罗鉴反”。

【注解】

1．全：全部，即在所有的悉昙章中。

2．阙生用：没有生字的功能。阙：缺。用：功能、功用、用途。悉昙字的生字规律是“对声呼韵”，而 是由两个 重叠，头上又加了第十二个韵母 的简化符号 ，形成了一个完整的悉昙字，因此已经不可能用它作为声母与其他韵母生出新的字了。

3．罗鉴反：我国古代用熟字来为生字注音，这种注音方法也称“……切”或“……反”，即取第一字的声和第二字的韵和调，对声呼韵和调，就发出了生字的音。一个汉字的发音是由两个发音单元组成的，即声和韵。所谓“切”，即把字的声和韵分割开来；所谓“反”，即第一个字取其前面的发音单元“声”，第二个字反向取其后面的发音单元“韵”。的发音为“罗鉴反”，即取“罗”的声 l 和“鉴”的韵和调 àn，读音为“滥”（làn）。因此佛经真言或陀罗尼中遇到通常音译为“滥”。我国注音的“反切法”据说源于悉昙生字法的启示。

【原文】

余单章除之二。除啰、罗二字。即第二、第三及第八、第九、第十章也。字非重成，简于第一，故云余单章也。[1]

【译文】

余单章去掉两个体文字母。除掉啰（）、罗()两字。这是指第二、第三、第八、第九及第十章。这几章的字不是把两个体文平均叠加到一起，而是以初章的那些体文字母为主体，辅之以、的半体构成，因此称为余单章。

【注解】

1．余单章字的架构以初章中的那些体文字母为主体，再上接的半体，或下接的半体或的半体，构成字的形体。如、、等，从这些字的外形来看，、、已经是简之又简，整个字的形体以第一章中的体文（声母）形态为骨干。在生字的体文序列中，如果作为字形骨干的体文字母恰好就是、，就会与这两个字母的半体形成“当体重”，因此要从生字体文序列中剔除这两个字母。

【原文】

重章除之三[1]。重成[2]也，即第四、五、六、七及第十一已下四章也。

【译文】

重章从生字的体文序列中去掉三个体文字母。重章是两个体文字母上下相联构成字的形体，也就是第四、五、六、七及自第十一章以下的四章。

【注解】

1．除之三：首先去掉ᠠ、ᡝ；其次当这几章的体文字母与下接的体文形成“当体重”时，也去掉。加起来每一章去掉三个体文字母。

2．重成：两个体文字母在同一个字中上下紧挨着出现。

【原文】

异章[1]句末[2]为他所用[3]，兼下[4]除之六[5]。即盎迦章[6]字牙、齿、舌等句末之第五字[7]，为上四字所用[8]，亦不可更[9]自重[10]，故除之也。

【译文】

第十五章称为异章，该章每一句的最后一个字母都取其上半体与该句的其他体文字母拼合组字，因此每逢该字母又兼作下半体时，就应该去除。这样就要从生字序列中去掉六个作下半体就形成当体重的字母。异章即盎迦章。在该章中，牙、齿、舌、喉、唇组的最后一个字母已经被它所在句的前四个字母用作上半体，因为不能自己和自己重叠，因此逢到该字母做下半体时，就要去除。

【注解】

1．异章：即第十五章。

2．句末：每组体文称为一句，牙、齿、舌、喉、唇各为一句，每句五个体文字母，最后一个字母都是鼻音。遍口声组算作一句，包括十个遍口声字母。

3．为他所用：为其他字母所用，即牙、齿、舌、喉、唇每一组体文的第五个鼻音都取上半体来和其他字母搭配组字，因此都要从生字的体文序列中去掉，以避免当体重。遍口声组是用牙句体文的最后一个字𑖎𑖿𑖬加于遍口声各体文之上。因此该章要从生字的体文序列中去掉六个可能形成当体重的体文，即𑖒、𑖗、𑖜、𑖡、𑖦、𑖎𑖿𑖬。

4．兼下：兼作下半体。即上面提到的六组体文的最后一个字母𑖒、𑖗、𑖜、𑖡、𑖦、𑖎𑖿𑖬本来用作上半体和本组的其他体文组字，如果自己再作下半体，就是“兼下”。

5．除之六：共除去六个字母。五组体文的最后一个鼻音，再加上遍口声的最后一个字母𑖎𑖿𑖬，总共六个字母。

6．盎迦章：“盎迦”是异章的第一个字𑖒𑖿𑖎的音译，以此音为该章命名。

7．牙、齿、舌等句末之第五字：牙、齿、舌、喉、唇各组的最后一个字母都是鼻音，分别为𑖒、𑖗、𑖜、𑖡、𑖦。

8．为上四字所用：每一个鼻音字母都以上半体和它前面的四个体文字母来组字。

9．更：再。

10．自重：即在同一个字中，同一个体文紧挨着既作上半体，又作下半体，自己和自己重叠。自重就是当体重。

【原文】

自除[1]之余，各遍能生[2]，即𑖎迦、𑖏佉[3]等是也。生字之章一十有七，各生字殆将[4]四百，则梵文彰[5]焉。

【译文】

排除当体重的情况，𑖎 迦 、𑖏 佉 等体文可以用于普遍地衍生新字。生字的规律概括为十七章，每一章生成的单字将近400个，把这些所有的梵字加起来，梵文的面貌就彰显在我们面前了。

【注解】

1．自除：把自重的情况去掉。

2．各遍能生：每个字母都可以普遍地用于和其他字母组合生字。

3．𑖐迦、𑖑佉：𑖐音译为“迦”，𑖑音译为“佉”，两个字是第一组体文的头两个字母。

4．殆将：将近，差不多。

5．彰：彰显。

【原文】

正章[1]之外，有孤合之文[2]。连字重成[3]，即字名[4]也。有十一摩多啰[5]，此犹点画[6]。两个半体，兼合成文[7]。阿、阿等韵生字用十摩多[8]。后字傍点[9]，名毗洒勒沙尼，此云去声，非为摩多[10]。讫里章[11]用一别摩多里[12]。耶半体用祇耶，兼半体啰[13]也。

【译文】

在正章之外，还有一章，称为孤合章。有以下几种孤合情形：同一个体文紧挨着在一个字中重复，这样生成的字归到此章，这种情况下，读这个体文的音就可以了；这一章还包含十一个摩多，摩多在构字中的作用如同点画；另外还有两个半体，这两个半体用于和其他体文组合成一个复合体文。短阿、长阿等十二韵用于生字时，共有十个摩多。字的后面加的旁点在梵文中称为“毗洒勒沙尼”，意思是去声，不看成摩多。“讫里”章用了一个别摩多，也就是𑖇的半体，读作“里”。另外𑖧（耶）的半体(祇耶)，以及𑖨(啰)的半体半体、，也列入此章。

【注解】

1．正章：即初章到第十七章，这些章节中的悉昙字均是以牙、齿、舌、喉、唇、遍口声几组体文依次加上十二韵和其他半体生成的字。

2．孤合之文：所谓孤合，就是字母与字母合成新字的方法不能普遍应用于所有的体文。在正章中，排除了当体重生成的字，这些字归并到了孤合章。除了当体重生成的那些字外，其他一些不能归入正章生字规律的那些字也归入孤合章。这一段主要列举几种孤合的情形。

3．连字重成：同一个体文字母在一个字中紧挨着重复的现象，也称为“当体重”。

4．即字名：遇到“连字重成”，就用单个字的音来读就行。

5．十一摩多啰：十一个摩多。“啰”在这里表示一类事物。

6．此犹点画：摩多在悉昙字的构造中所起的作用就像是在体文上加的点画。韵母在构字时简化成点画，加在体文上，这个简化来的点画，称为“摩多”。

7．文：完整的字。

8．阿、阿等韵生字用十摩多：六韵中短阿（𑖀）不显现却暗藏在一切点画中，止韵表示去声不算摩多，因此剩下的𑖁、𑖂、𑖃、𑖄、𑖅、𑖊、𑖋、𑖌、𑖍、𑖀𑖽总共可以生成十个摩多。

9．后字傍点：在字后旁边加的点，即止韵𑖀𑖾（□:），这个点也称为涅槃点。

10. 此云去声，非为摩多：即止韵□:只是去声的符号，不是摩多。

11. 讫里章：即第十六章，用该章的第一个字（音译为“讫里”）命名。

12. 别摩多里：把（音译为“里”）的半体也视为摩多，称作别摩多，读作“里”。

13. 耶半体用祇耶，兼半体啰：悉昙遍口声字母的半体读作“祇耶”；“啰”即遍口声字母，其上半体为、下半体为。兼：另外，还有。

初章

【原文】

将前三十四文[1]，对阿、阿等十二韵[2]呼[3]之，增以摩多，生字四百有八[4]，即迦上、迦平[5]等是也。迦之声下，十有二文[6]，并用迦为字体[7]，以阿、阿等韵呼之，增其摩多，合于声韵，各成形也。佉、伽等声下例之，以成于一章[8]。

【译文】

以前面的三十四个体文为声，分别发（短阿）、(长阿)

等十二个韵母的音，在字形上这些韵母以摩多的形式出现，这样就生成了四百零八个字，即𑖎（迦上声短呼）、𑖎𑖯　迦平声长呼）等。在𑖎（迦）句有十二个字，这十二个字都是以𑖎为字体，分别以𑖀（短阿）、𑖁 (长阿)等为韵，并加上相应的摩多，以体为声，声韵相合的同时字的完整形体就产生了。𑖏　佉 、𑖐　伽　等句也以此类推来衍生新字，即依次以这些体文为声母，分别呼十二韵，这样就形成了第一章，即初章。

【注解】

1. 三十四文：即牙、齿、舌、喉、唇五组共二十五个体文加上十个遍口声，去掉不生字的𑖩(罗)，剩下用来作体文的字母共三十四个。

2. 阿、阿等十二韵：第一个“阿”指短阿𑖀，第二个“阿”指长阿𑖁。

3. 呼：以体文为声母，对声呼韵，让气流经喉咙、口腔呼出体外。

4. 生字四百有八：生成四百零八个字。

5. 𑖎迦上、𑖎𑖯迦平：这里以三十四个体文字母的第一个字母为例，说明悉昙字对声呼韵的生字或构字方法，从字形上即体文字母加韵母的摩多。𑖎以拉丁字母转写表示其发音，念作 ka，而𑖎𑖯以拉丁字母转写表示其发音，念作 kā。这里应当注意的是，

𑖎看似未加任何摩多，但它实际上隐含了𑖀的摩多□。𑖀在梵文中的意思是无生、不生，但它又是万物之所由生。就生字而言，悉昙字的所有笔画都是从□开始。就发音而言，𑖀可视为最原始的母音，也是一个儿童最开始学会的发音。一个单独的体文其发音就是以该体文为声母，对声而呼𑖀（a）。

6. 迦之声下，十有二文：即以𑖎为声，呼十二韵，生十二个字。

7. 用迦为字体：体文𑖎生成的十二个字都是以𑖎为形体的骨架，再加上十二韵的摩多点画生成。这十二个字见表 1。

表 1　悉昙对声呼韵生字示例——𑖎字十二韵
（括号内为拉丁字母转写）

𑖎(ka)	𑖎𑖯(kā)	𑖎𑖰(ki)	𑖎𑖱(kī)	𑖎𑖲(ku)	𑖎𑖳(kū)
𑖎𑖸(ke)	𑖎𑖹(kai)	𑖎𑖺(ko)	𑖎𑖻(kau)	𑖎𑖽(kaṃ)	𑖎𑖾(kaḥ)

8. 成于一章：以此类推，分别以三十四个体文字母为声母，对声呼十二韵，便形成了初章的四百零八个字。

【原文】

次下[1]十有四章[2]，并用[3]初章为字体[4]，各随其所增[5]，将阿、阿等韵，对所合声字[6]呼之，后增其摩多[7]。遇当体两字[8]将合[9]，则容之勿生[10]。谓[11]第四章中重𑖨罗[12]，第五重𑖪嚩房柯反[13]，第六重𑖦麽[14]，第七重𑖡那[15]等是也。十一已下四章，如次同上之四章，同之除[16]。

【译文】

自初章之后的十四章，都是以初章的体文为字体，但是每一章接续的其他体文不同，这样形成的体文组合或声母组合，称为“声字”。以组合成的声字为声，呼、等韵，然后再于字的形体上增加相应韵母的摩多，就成为这些章的衍生字。如果遇到体文接续的半体恰好是它的自身，则暂且搁置，先不拼这个字。如第四章中遇到、相重成(罗)，第五章遇到、相重成（嚩房柯反），第六章遇到、相重成 麽 ，第七章遇到、相重成 那 等，都是这种情况。自第十一章开始的四章，和刚才提到的这四章的情况一样，遇到体文字母当体重时，都要从生字的体文序列中去掉。

【注解】

1. 次下：在此之后。

2. 十有四章：有十四章。有：相当于“零”“加”。比如说一个人的年龄三十有五，就是指三十五岁。

3. 并用：都用。并：都。

4. 初章为字体：以初章中出现的体文字母为字的形体。

5. 各随其所增：根据各章增加、续接的体文。如第二章以

𑖎等体文依次下接𑖧拼成生字𑖎𑖿𑖧，第三章以𑖎等体文依次下接𑖨拼成生字𑖎𑖿𑖨，第四章以𑖎等体文依次下接𑖩拼成生字𑖎𑖿𑖩，第五章以𑖎等体文依次下接𑖪拼成生字𑖎𑖿𑖪。

6. 所合声字：𑖎等体文字母与其他字母接续相重，形成的体文组合或声母组合，这个组合相当于一个复合声母或复合体文，《悉昙字记》称之为“声字”。在后续译文或注释中，译注者也用“复合体文”或“复合声母”来代指原文的“声字”。

7. 后增其摩多：在形成复合声字后，在其形体上加摩多。

8. 当体两字：即两个相同的体文字母。

9. 将合：将要合到一起。即两个相同的字母上下接续，成为一个新的当体重的“声字”。

10. 容之勿生：先搁置，暂且不拼这个字，因为最后专门安排了一个“孤合章”来容纳这些字。

11. 谓：即，指。

12. 重𑖩𑖿𑖩罗：𑖩接续𑖩自身形成当体重的字𑖩𑖿𑖩，音译为“罗”。

13. 重𑖪𑖿𑖪嚩房柯反：𑖪接续𑖪自身形成当体重的字𑖪𑖿𑖪，音译为“嚩”，读音取房的声和柯的韵。

14. 𑖦𑖿𑖦麽：𑖦接续自身𑖦形成当体重的𑖦𑖿𑖦，音译为“麽”。

15. 重𑖡𑖿𑖡那：𑖡接续𑖡自身形成当体重的𑖡𑖿𑖡，音译为“那”。

16. 同之除：按相同的规则除去。

第二章

【原文】

将半体中祇耶[1]，合于初章迦、迦等字之下[2]，名枳也、枳耶[3]，生字三百九十有六[4]。枳字几尔反。今详枳耶当是耶字之省[5]也，若然亦同除重，唯有[6]三百八十四[7]。先书字体三百九十六[8]，然将祇耶合之，后加摩多[9]。夫重成之字，下者[10]皆省除头[11]也。已下[12]并同也。

【译文】

将半体（音译为“祇耶”），接到初章迦（ka）、迦（kā）等体文的下面，生成了枳也、枳耶等字，称为枳也、枳耶章。这一章总共生成三百九十六个字。“枳”字发音取几尔反。现在我们知道“枳耶”应当是“耶”的半体简写，因此在去除当体重的体文时，也要把考虑进来，这样用剩下的体文只能生成三百八十四个字。第二章的书写顺序是，先写三百九十六个体文，然后下接祇耶，再加上摩多。凡是两个体文相接的重体字，下面的体文都要去掉头部，只留下简化后的半体。后面各章的字也都遵循这个原则。

【注解】

1．半体中祇耶：半体，读作“祇耶”。

2．合于初章迦、迦等字之下：接在初章迦（，ka）、迦（，kā）等体文的下面。

3．名𑖎𑖿𑖧枳也、𑖎𑖿𑖧𑖯枳耶：称为𑖎𑖿𑖧枳也、𑖎𑖿𑖧𑖯枳耶章。𑖎和𑖧上下接续形成复合体文𑖎𑖿𑖧（kya）。对𑖎𑖿𑖧呼短阿𑖀，生成的字是𑖎𑖿𑖧，音译为“枳也”。对𑖎𑖿𑖧呼长阿𑖁生成的字是𑖎𑖿𑖧𑖯（kyā），音译为“枳耶”。第二章以该章的头两个字命名，称为“𑖎𑖿𑖧枳也、𑖎𑖿𑖧𑖯枳耶章”。

4．生字三百九十有六：衍生出三百九十六个字。三十五个体文去掉𑖩𑖿𑖩、𑖎𑖿𑖬，还剩三十二个体文。每个体文下接𑖿𑖧然后呼十二韵，都生成十二个字，因此三十二体文共生成三百九十六个字。

5．枳耶当是耶字之省：枳耶𑖿𑖧应当是耶𑖧的简化。省：简化，这里是指将完整的体文简化为半体。如𑖿𑖧、𑖿𑖧都是𑖧简化后的半体。这里说“枳耶当是耶字之省”，意在强调𑖿𑖧、𑖿𑖧虽然读作“枳耶”，但并不是一个独立的悉昙字，只是耶𑖧的半体。

6．唯有：仅有。

7．三百八十四：因为“枳耶”是“耶”的半体，因此要从生字的体文序列中去掉𑖧，最后只能生成三百八十四个字。

8．先书字体三百九十六：这里指书写顺序。三百九十六并非指本章有三百九十六个字，因为还没有去掉当体重的字，而是指在书写顺序上，要先写这类似于三百九十六个体文的声字作为字的形体的主要部分。

9．然将祇耶合之，后加摩多：然后在三百九十六个或三百八十四个体文下面接𑖿𑖧，再加上“对声呼韵”的那个韵的摩多。

10．下者：接在下面的体文。

11．皆省除头：都要简化，除去头部。皆：全部，都。省：简化。接在下面的体文在接续时去掉头部，剩下的部分称为体文的下半体。

12．已下：以下。

第三章

【原文】

将𑖨啰字合于初章迦、迦等字之下，名𑖎𑖿𑖨迦上略上[1]𑖎𑖿𑖨𑖯迦平略平[2]，生字三百九十有六[3]。上略力价反，下略力迦反[4]。上迦下迦并同略之平上取声[5]。他皆效之也。

【译文】

将𑖨（音译为“啰”）字接在初章𑖎　音译“迦”、𑖎𑖯　音译“迦”　等字的下面，生成𑖎𑖿𑖨迦上略上、𑖎𑖿𑖨𑖯迦平略平等字，共衍生三百九十六个字。𑖎𑖿𑖨中的𑖨(略)发音为“力价反”，𑖎𑖿𑖨𑖯中的𑖨(略)发音为“力迦反”。𑖎𑖿𑖨中的“迦”和𑖎𑖿𑖨𑖯中的“迦”的发音和𑖨的平、上声取法相同。其他发音以此类推。

【注解】

1．𑖎𑖿𑖨迦上略上：𑖎𑖿𑖨是第三章的第一个字。𑖎𑖿𑖨由𑖎的上半体

𑖎和𑖨的下半体𑖨组成，发音的拉丁字母转写为 kra。迦上略上：上半体𑖎　迦　和下半体𑖨　略　在音调上都取上声短呼。

2. 𑖎𑖿𑖨𑖯迦平略平：𑖎𑖿𑖨𑖯是第三章的第二个字，是在𑖎𑖿𑖨上再加一个𑖁𑖯的摩多◌𑖯构成。迦平略平：在𑖎𑖿𑖨𑖯中，𑖎和𑖨𑖯在音调上都取平声。

3. 生字三百九十有六：共衍生三百九十六个字。第三章以𑖨上接各个体文字母，去掉𑖩和当体自重的𑖨，剩下能生字的体文字母共三十三个，再配以十二韵，故全章生字三百九十六个。

4. 上略力价反，下略力迦反：第一个略发音取“力价反”，第二个略发音取“力迦反”。《悉昙字记》原文是竖排版，𑖎𑖿𑖨排在𑖎𑖿𑖨𑖯的上面，这里的“上”指排在上面的𑖎𑖿𑖨，“下”指排在下面的“𑖎𑖿𑖨𑖯”。𑖎𑖿𑖨中的𑖨（ra）发音取“力价反”，即取“力”的声与“价”的韵；𑖎𑖿𑖨𑖯中的𑖨𑖯（rā）发音取“力迦反”，即取“力”的声与“迦”的韵。

5. 上迦下迦并同略之平上取声：𑖎𑖿𑖨中的𑖎　迦　和𑖎𑖿𑖨𑖯中的𑖎（迦）发音在音调的取法上，与𑖨在两字中的取法相同。

第四章

【原文】

将𑖩攞[1]字合初章字之下[2]，名𑖎𑖿𑖩迦攞、𑖎𑖿𑖩𑖯迦攞[3]，生字三百八十有四[4]。攞字洛可反。

【译文】

将（音译为“攞”）接在初章那些字的下面，生成迦攞、迦攞等字，称为迦攞、迦攞章。这一章共生成三百八十四个字。字的发音取“洛可反”。

【注解】

1. 攞：是第三个遍口声，其发音的拉丁字母转写为 la，汉语音译为“攞”。

2. 合初章字之下：将的下半体接于初章中的那些字的下面。

3. 名迦攞、迦攞：称为迦攞、迦攞章。、是第四章的开头两个字，第四章即以这两个字命名。、的音译都是“迦攞”，但是是短韵，是长韵。

4. 生字三百八十有四：衍生出三百八十四个字。从体文中去掉、、三个字，剩下可以与相重生字的体文有三十二个，因此第四章生字的总数为三百八十四个。

第五章

【原文】

将嚩[1]字合初章字之下，名迦嚩上、迦嚩平[2]，生字三百八十有四[3]。嚩字房可反。

【译文】

将（音译为“嚩”）的下半体，下接到初章的那些字的下面，生成迦嚩上、迦嚩平等字，称为迦嚩上、迦嚩平章。这一章共生成三百八十四个字。的发音“嚩”取“房可反”。

【注解】

1. 嚩：是第四个遍口声，一般音译为“嚩”，其发音的拉丁字母转写注音为 va。

2. 名迦嚩上、迦嚩平：称为迦嚩上、迦嚩平章。、是第五章的头两个字。、音译均为“迦嚩”。但是发音 kva，其韵为上声短呼，发音 kvā，其韵为平声长呼。

3. 生字三百八十有四：衍生出三百八十四个字。在三十五个体文中，不生字，作为上半体组字放在了其他章节，与形成了当体重；除去这三个体文，还剩下三十二个体文，配以十二韵，生成三百八十四个字。

第六章

【原文】

将𑖦麽[1]字合初章字之下[2]，名𑖎𑖿𑖦迦麽、𑖎𑖿𑖦𑖯迦麽[3]，生字三百八十有四[4]。

【译文】

将𑖦（音译为“麽”）接在初章的那些字下面，生成了𑖎𑖿𑖦迦麽、𑖎𑖿𑖦𑖯迦麽等字，称为𑖎𑖿𑖦迦麽、𑖎𑖿𑖦𑖯迦麽章。这一章总共衍生出三百八十四个字。

【注解】

1．𑖦麽：𑖦，音译“麽”。

2．合初章字之下：接在初章那些字的下面。

3．名𑖎𑖿𑖦迦麽、𑖎𑖿𑖦𑖯迦麽：称为𑖎𑖿𑖦迦麽、𑖎𑖿𑖦𑖯迦麽章。𑖎𑖿𑖦、𑖎𑖿𑖦𑖯是这一章开头两个字，音译均为“迦麽”。其中第一个“迦麽”𑖎𑖿𑖦的尾韵是短音𑖀，第二个“迦麽”𑖎𑖿𑖦𑖯的尾韵是长音𑖁。

4．生字三百八十有四：衍生出三百八十四个字。去掉𑖦、𑖨、𑖎𑖿𑖬二个体文，还剩下三十二个体文，各配以十二韵，共生成三百八十四个字。

第七章

【原文】

将𑖡曩[1]字合初章字之下，名𑖎𑖿𑖡迦那、𑖎𑖿𑖡𑖯迦那[2]，生字三百八十有四[3]。

【译文】

将𑖡（音译为“曩”）下接在初章的那些字的下面，生成了𑖎𑖿𑖡迦那、𑖎𑖿𑖡𑖯迦那等字，称为𑖎𑖿𑖡迦那、𑖎𑖿𑖡𑖯迦那章。这一章共衍生出三百八十四个字。

【注解】

1．𑖡曩：𑖡是第五组体文（𑖝组）的最后一个鼻音，唐代音译为“曩”，读作na。

2．名𑖎𑖿𑖡迦那、𑖎𑖿𑖡𑖯迦那：称为𑖎𑖿𑖡迦那、𑖎𑖿𑖡𑖯迦那章。𑖎𑖿𑖡、𑖎𑖿𑖡𑖯是第七章开头的两个字，音译均为“迦那”。𑖎𑖿𑖡发音na，𑖎𑖿𑖡𑖯发音nā。

3．生字三百八十有四：衍生出三百八十四个字。体文表中的三十五个字母中，𑖡形成了当体重，𑖎𑖿𑖬不生字，𑖨作为上半体生成的字放在了其他章节。去掉这三个体文，剩下三十二个体文，因此共生成三百八十四个字。

第八章

【原文】

将半体哆[1]加初章字之上，名阿勒迦、阿勒迦[2]，生字三百九十有六[3]。勒字力德反[4]，下同。

【译文】

将（音译为“哆”）的上半体加在初章的那些字之上，形成了第七章，生成阿勒迦、阿勒迦等字，称为阿勒迦、阿勒迦章。这一章共生成三百九十六个字。“勒”字发音取“力得反”，下同。

【注解】

1. 半体哆：音译为哆，半体。是第二个遍口声，其发音为 ra。

2. 名阿勒迦、阿勒迦：称为阿勒迦、阿勒迦章。、是这一章开头的两个字，音译为“阿勒迦”。

3. 生字三百九十有六：衍生出三百九十六个字。三十五个体文中去掉不生字的和当体重的，还剩下三十三个，对声呼十二韵，共生成三百九十六个字。

4．勒字力德反：“勒”字的发音取“力德反”，即取力的声和德的韵。

第九章

【原文】

将半体啰[1]加第二章字之上，名阿勒枳耶、阿勒枳耶[2]，生字三百八十有四[3]。若祇耶[4]是耶[5]省[6]，亦同除重[7]。

【译文】

将的上半体加在第二章的那些字的上面，生成悉昙第九章阿勒枳耶、阿勒枳耶等字，称为阿勒枳耶、阿勒枳耶章。这一章共三百八十四个字。如“祇耶”是由“耶”简化来的半体，那么这一章就和第二章一样，自然从生字的复合体文序列中剔除了，以避免当体重。

【注解】

1．半体啰：的半体，音译为“啰”。

2．名阿勒枳耶、阿勒枳耶：称为阿勒枳耶、阿勒枳耶章。、是第九章开头的两个字，音译为“阿勒枳耶”。

3．生字三百八十有四：衍生出三百八十四个字。第二章有三百八十四个字，本章直接是将加在这些字的上面得到的，因此也有三百八十四个字。

4．祇耶：即或，是的下半体。

5．耶：即第一个遍口声。

6．省：将一个完整的字母简化成半体。

7．除重：除去可能形成当体重的字母。

第十章

【原文】

将半体啰加第三章字之上，名阿勒迦略、阿勒迦略[1]，生字三百九十有六[2]。略平、上[3]。

【译文】

将的半体（音译为“啰”）加在第三章的那些字的上面，形成了第十章的阿勒迦略、阿勒迦略等字，称为阿勒迦略、阿勒迦略章。这一章共生成三百九十六个字。两个字中的“略”分别取平、上声。

【注解】

1．名阿勒迦略、阿勒迦略：称为阿勒迦略、阿勒迦略章。、是第十章开头的两个字，其音译为“阿勒迦略”。其中“阿勒”是上半部分，“迦”是中间部分，即的半体，“略”是下半部分，即的下半体。

2．生字三百九十有六：衍生出三百九十六个字。去掉不生字的和形成当体重的，第三章共生成三百九十六个字，因此第十章也有三百九十六个字。

3．略平、上：两个字中的“略”分别读平声和上声。“略”是的音译。在字中，对呼短“阿”的韵，即所谓的上声短呼；在字中，对呼长“阿”的韵，即所谓的平声长呼。

第十一章

【原文】

将半体啰加第四章字之上，名阿勒迦罗、阿勒迦罗[1]，生字三百八十有四[2]。

【译文】

第十一章是将的半体 啰 加在第四章那些字的上面形成的，生成阿勒迦罗、阿勒迦罗等字，称为阿勒迦罗、阿勒迦罗章。这一章生成三百八十四个字。

【注解】

1．名阿勒迦罗、阿勒迦罗：称为阿勒迦罗、阿勒迦罗章。、是第十一章的开头两个字，音译为“阿勒迦罗”。、是第四章开头两个字，字头上加上就生成了、。“罗”是（la）、（lā）的音译。

2．生字三百八十有四：衍生出三百八十四个字。悉昙第十一章生成三百八十四个字，是因为在体文中去掉了不生字的以及当体重的、。

第十二章

【原文】

将半体啰加第五章字之上，名阿勒迦囒、阿勒迦囒[1]，生字三百八十有四[2]。

【译文】

第十二章是将的半体 啰 加在第五章那些字的上面形成的，生成阿勒迦囒、阿勒迦囒等字，称为阿勒迦囒、阿勒迦囒章。这一章生成三百八十四个字。

【注解】

1．名阿勒迦囒、阿勒迦囒：称为阿勒迦囒、阿勒迦嚩章。、是第十二章开头的两个字，音译为“阿勒迦嚩”。其中、是第五章的开头两个字。

2. 生字三百八十有四：衍生出三百八十四个字。悉昙第十二章生成三百八十四个字，是因为在相应的体文中去掉了不生字的及形成当体重的、。

第十三章

【原文】

将半体啰加第六章字之上，名阿勒迦麼、阿勒迦麼[1]，生字三百八十有四[2]。

【译文】

第十三章是将的半体　啰　加在第六章那些字的上面形成的，生成阿勒迦麼、阿勒迦麼等字，称为阿勒迦麼、阿勒迦麼章。这一章生成三百八十四个字。

【注解】

1. 名阿勒迦麼、阿勒迦麼：称为阿勒迦麼、阿勒迦麼章。“阿勒迦麼”是第十三章开头两个字、的音译。

2. 生成三百八十有四：衍生出三百八十四个字。去掉不生

字的 及形成当体重的 、 ，第十三章共生成三八十四个字。

第十四章

【原文】

将半体 啰加第七章字之上，名 阿勒迦那、 阿勒迦那[1]，生字三百八十有四[2]。

【译文】

第十四章是将 的半体 啰 加在第七章那些字的上面形成的，生成 阿勒迦那、 阿勒迦那等字，称为 阿勒迦那、 阿勒迦那章。这一章生成三百八十四个字。

【注解】

1. 名 阿勒迦那、 阿勒迦那：称为 阿勒迦那、 阿勒迦那章。第十四章开头两个字为 、 ，其音译为“阿勒迦那”。

2. 生字三百八十有四: 衍生出三百八十四个字。去掉不生字的 及形成当体重的 、 ，共生成三百八十四个字。

第十五章

【原文】

以迦、遮、吒、多、波等句末之第五字[1]，各加于当句前四字[2]之上，及初句末字[3]，加后耶等九字[4]之上，名盎迦、安遮、安吒、安多、唵波、盎耶等。其必不自重[5]，唯二十九字[6]，不由韵合[7]，名为异章[8]。各用阿、阿等韵呼之，生字三百四十有八[9]。盎字阿党反，安字并阿亶反，唵字阿感反。

【译文】

第十五章是把迦、遮、吒、多、波等句的最后一个字即第五个字，分别加在当前句的前四个字的上面，以及把第一句的最后一个字加在后面遍口声耶等九个字的上面，生成盎迦、安遮、安吒、安多、唵波、盎耶等字。这一章必然不会出现当体重现象。全章能够构成下半体的体文只有二十九字，并不像前面各章那样按照三十四个体文次序依次对声呼韵合成诸字，因此称为异章。这一章总共只能生字三百四十八个。“盎”字的读音取“阿党反”，“安”字的读音都取“阿亶反”。“唵”字的读音取“阿感反”。

【注解】

1. 迦、遮、吒、多、波等句末之第五字：迦、

𑖓遮、𑖘吒、𑖝多、𑖢波这五句体文每句的第五个字。𑖎句末第五字为𑖒，𑖓句末第五字为𑖗，𑖘句末第五字为𑖜，𑖝句末第五字为𑖡，𑖢句末第五字为𑖦，这几个字都恰好是五句句尾的鼻音。

2. 当句前四字：当前句的前四个字。对于𑖒，当前句是𑖎句，其前四个字为𑖎、𑖏、𑖐、𑖑。对于𑖗，当前句是𑖓句，其前四个字为𑖓、𑖔、𑖕、𑖖。对于𑖜，当前句为𑖘句，其前四个字为𑖘、𑖙、𑖚、𑖛。对于𑖦，当前句是𑖢，其前四个字是𑖢、𑖣、𑖤、𑖥。

3. 初句末字：即𑖎句末尾的𑖒字。

4. 后耶等九字：后面的“耶”等九个字，即除去𑖎𑖿𑖬之外的遍口声：𑖧、𑖨、𑖩、𑖪、𑖫、𑖬、𑖭、𑖮、𑖩𑖿𑖩𑖽，共九个遍口声。𑖎𑖿𑖬因为不生字，因此从生字的体文序列中剔除。

5. 其必不自重：这样的安排必然不会发生当体重现象。

6. 唯二十九字：仅有二十九个字。唯：仅仅，只有。在本章用于生字的三十五个体文字母中去掉了每句句末的鼻音𑖒、𑖗、𑖜、𑖡、𑖦共五个字，再去掉不生字的𑖎𑖿𑖬，生字体文序列中只剩下了二十九个体文字母。

7. 不由韵合：不是按照以前各章依次对声呼韵来生字。

8. 名为异章：称为“异章”。

9. 生字三百四十有八：产生三百四十八个字。二十九个体文依次呼十二韵共生成三百四十八个字。

第十六章

【原文】

用迦等字体，以别摩多[1]合之[2]，谓之讫里[3]，成字三十有四[4]。或有加前摩多[5]得成字用，非遍能生。且据本字[6]言之，今详“讫里”之摩多[7]，只是悉昙中“里”字[8]也。

【译文】

第十六章是把等字的体文和别摩多组合到一块，生成讫里等字，称为讫里章。这一章总共生成三十四个字。也有加前面各章用的那些摩多来生字的，但是只用于个别情形，而不是普遍适用。另外就当前这个字来说，“讫里”中的摩多应该是悉昙里的“里”字。

【注解】

1. 别摩多：的下半体称为“别摩多”，以与、等十二个悉昙韵母的摩多相区别。

2. 合之：与之组合。即以等字为上半体，下接，合为一个字。

3. 讫里：用前面说的“合之”生成的第一个字，音译为“讫里”。

4．成字三十有四：生成三十四个字。即牙、齿、舌、喉、唇五组体文和能生字的九个遍口声共三十四个体文字母，每个体文的上半体，分别下接[illegible]，共生成三十四个字。

5．前摩多：前面所说的那些摩多，即与悉昙韵母所对应的那些摩多。

6．本字：当前这个字，即[illegible]。

7．“讫里”之摩多：[illegible]（音译为“讫里”字中的摩多，即别摩多[illegible]。

8．悉昙中“里”字：悉昙字母中的“里”字。

第十七章

【原文】

用迦等字体，参互加之[1]，有三十三字[2]。随文受称[3]，谓[illegible]阿索迦[4]等。各用阿、阿等韵呼之[5]，生字三百九十有六[6]。

【译文】

用[illegible]迦等字的半体，交错加上其他字的半体，共形成三十三个声字。每个声字直接按照各部分半体发音，如[illegible]读作“阿索迦”，等等。这一章称为[illegible]阿索迦章。对这些声字所代表的声，分别用短阿[illegible]、长阿[illegible]等韵呼出，共生成三百九十六个字。

【注解】

1．参互加之：通过半体交错相接组合成声字。不是用一个半体加在所有体文上面来生字，而是这一个体文上加这个半体，另外一个体文上加另外一个半体。例如牙音组是以[illegible]的半体[illegible]加于第一、第二个体文的上面，生成[illegible]、[illegible]这二十四个字，牙音组的第三、第四个体文是在上面加上[illegible]的半体[illegible]，生成另外二十四个字：[illegible]、[illegible]。

2．有三十三字：生成三十三个声字。在一个体文的头上加上另外一个体文的半体，共形成三十三个声字。声字也称为“复合体文”。这里首先是去掉了不生字的[illegible]，其次遍口声[illegible]在本章是作为字头之一使用，为避免当体重，在轮到[illegible]作为下半体时也被排除。

3．随文受称：因字得名。随：根据。文：字。称：称名。这一章第一个字是[illegible]，读作“阿索迦”，故称为[illegible]阿索迦章。

4．谓[illegible]阿索迦：称为“[illegible]阿索迦”。“阿索迦”是[illegible]的音译。

5．各用阿、阿等韵呼之：每个复合体文或声字生成后，对声字之声呼而发“阿”“阿～”等十二韵。

6．生字三百九十有六：生成三百九十六个字。

第十八章

【原文】

正章[1]之外，有孤合之文[2]。

【译文】

在正章之外，还有一些悉昙字不是按照前面各章的组字规律生成的，这些字归到第十八章，称为“孤合章”。

【注解】

1．正章：即第一章至第十七章。正章是以声母表中去掉[illegible]和当体重的字母后，剩下的声母为字体，或者依次上接或下接其他声母的半体构成复合体文，再分别发十二韵生成悉昙字。

2．孤合之文：第十八章称为“孤合章”，是因为这一章不是按照“正章”的规律来生字。首先在孤合章不存在适用字母表中所有字母的体文组合方式；其次这一章存在当体重的复合体文，如[illegible]、[illegible]、[illegible]等。后文叙述了“孤合”的几种形式。

【原文】

或当体两字重之[1]，但依字大呼[2]。谓多、阇、吒、拏等字，各有重成也。

【译文】

或者是同一个字母当体重，这时不能断续地发两个音，而是要将两个当体重的字看成一个音。如多、阇、吒、拏等，在本章都是当体重而生字。

【注解】

1．当体两字重之：同一个体文在一个声字中上下紧挨着重叠，又称为“当体重”或“当体重成”。也就是说，一个悉昙字的上下两个半体是同一个字的上半体和下半体。如，上半部分是的上半体，下半部分是的下半体。当体：同体，同一个体文。

2．依字大呼①：按照单个体文来发音，但要读得粗重一些。由同一个体文当体重形成的悉昙梵字，不能发成重复的两个音，而要当成一个体文来发音。“依字”即按照用来生字的体文来发

① 关于“大呼”之义，可参考宥快：《悉昙字记闻书》（卷第三），第十八章。

当体重的悉昙字的音，而不能发成别的音。音程有长短，音势有强弱。如果是一个异体重的悉昙字，比如𑖎𑖿𑖝（ktā），上𑖎下𑖝，相对于𑖎发音的短而弱，𑖝的发音则长而重，而且要呼出摩多□𑖯的音，即读𑖝要“大呼”。因此𑖎𑖿𑖝要读成 ktā，而不能大呼𑖎读成 kāt。对于当体重的𑖝𑖿𑖝，上下体文均为𑖝，不能读成“多多”（tta），只要大呼后一个𑖝读成“多”（ta）就可以了。

【原文】

或异体字重之[1]，即连声合呼[2]。谓悉多罗[3]等是也。

【译文】

或者几个不同的声母上下相接（相重），这种情况下要把相重的几个声母连起来一起读。如𑖭𑖿𑖝𑖿𑖨,几个声母要连着读，读成“悉多罗”（stra）。

【注解】

1. 异体字重之：不同的声母上下相接。

2. 连声合呼：把相重的不同声母连起来读。

3. 悉多罗：即悉昙字𑖭𑖿𑖝𑖿𑖨，其音译为“悉多罗”，其发音的拉丁字母转写为 stra。

【原文】

或不具通摩多，止为孤合之文。即瑟吒罗[1]等字，有通三、五摩多也。

【译文】

或者不能和全部十二韵的摩多组合，而只能生成孤立的悉昙字。如（瑟吒罗）等字。也有搭配三、五个摩多的。

【注解】

1. 瑟吒罗：，音译为“瑟吒罗”，“瑟”是声母，“吒”是声母，“罗”是对着声母而发韵母形成的音。

【原文】

或虽生十二之文，而字源不次[1]，其犹之孤[2]。即阿悉多罗等也。

【译文】

或者虽然与十二个韵母的摩多组合声字，但不是依次应用于每个体文，因此仍然是一种“孤合”。如阿悉多罗等。

【注解】

1. 字源不次：虽然某些字与十二韵的摩多组合生字，但是并不是所有的声母都按同一规则与十二韵的摩多组合。比如在第十八章中，虽然□、□上下相接形成的复合体文配十二韵生了十二个字：□、□、□、□、□、□、□、□、□、□、□、□，但是其他声母却不能按上接□的方式配十二韵来生字，这就是文中所说的“字源不次”。

2．犹之孤：同样属于“孤合”。犹：同样，仍然是。

【原文】

或虽异重[1]，不必依重以呼之[2]。此五句之末字，加其句之初，即名盎迦[3]等，属前章也。

【译文】

或者虽然是不同的声母相重，但不是完全按照相重的声母来依次独立地发音。分别把□、□、□、□、□这五句最后一个字，加在相应句的头部，所生成的字，这些字都归到了前一章。如把□句的最后一个字□加在该句每一个字头部，其音应读作“盎迦”。

【注解】

1．异重：异字相接或相重。异：不同的字（声母）。重：上下相接合成新字，如□。

2．依重以呼之：直接按照相重的声母发音来拼读。

3．名盎迦：读作“盎迦”。□加于□的头部，合成的字□应读作“盎迦”，而不能按照𑖒、𑖐的发音直接连起来读成“仰迦”。这种情形实际上在字首加了𑖀音，因此这时𑖒（“仰”）的音转化成了𑖀𑖒（“盎”）。

【原文】

或两字联声[1]，文形其后[2]，声彰其前[3]。如“麽盎迦”[4]三合[5]等字，似云“莽迦”等也。

【译文】

或者两个字的声连读，中间一个字从形义上和后者联系更紧密一些，但是从音上则与前一个字连读。如𑖦𑖿𑖒𑖿𑖐，是𑖦、𑖒、𑖐三个字合在一起的三合字，读起来不是读成“麽-盎-迦”，而是听起来更像“莽迦”，即将𑖦、𑖒连读成“莽”。

【注解】

1．两字联声：两个字连读。

2．文形其后：从字形上看一个体文和后面的体文结合为一体。这里的“文”是相对于“声”而言，指字与字之间形和义的联系和结合。形：字形。

3．声彰其前：声音与上一个体文的结合更明显。

4．麽盎迦：即𑖦𑖿𑖒𑖿𑖐。这个衍生字中，中间的体文𑖒从字形上看是先和后面（下面）的𑖐构成一个复合体文𑖒𑖿𑖐，再在头部加一个𑖦的半体𑖦𑖿，即“形其后”；但是从发音上，𑖧与𑖦连读成“莽”，即“声彰其前”。

5．三合：三个声母合成一个复合体文，成为一个声字。如𑖦𑖿𑖧𑖿𑖨是𑖦、𑖧、𑖨三个字合在一起的三合声字。

【原文】

或字一而名分[1]。如沙[2]字有沙孚（府珂反），二音犹假借也。

【译文】

或者同一个字而有不同的读音。如𑖭沙有“沙孚反”“府珂反”两种读法，类似汉语中的“假借”。

【注解】

1．字一而名分：一个字两个“名”，即两种读音。

2．沙：即𑖭。

【原文】

或用摩多之文，重增其摩多[1]，而音必兼之[2]。如部林[3]二合字，从裒（菩侯反）、娄（力钩反）与第十一摩多也。

【译文】

或者用到摩多的字，当增加摩多时，摩多的音都要发出来。

如𑖥、𑖨两个字上下相重生成二合字𑖥𑖿𑖨，加上𑖄的摩多◌𑖳，再加上𑖀𑖽的摩多◌𑖽，最后生成的字是𑖥𑖿𑖨𑖳𑖽,读作“部林”。“部林”的音源于𑖥（“裒”，菩侯反）、𑖨（“娄”，力钩反），再加上第十一摩多𑖀𑖽。

【注解】

1．重增其摩多：再增加其他摩多。

2．音必兼之：发音要体现所有摩多。

3．部林：即𑖥𑖿𑖨𑖳𑖽。

【原文】

或形非摩多[1]，独为严字[2]之文。如字之上有仰月[3]之画也。

【译文】

或者形体上不是摩多，只是为了庄严相应的悉昙梵字及其所表达的意义。如一些字上的仰月笔画◌𑖼。

【注解】

1．形非摩多：从笔画的形体上来看并不是摩多。

2．严字：庄严相应的梵字及其意义。严，庄严。字：相应的悉昙梵字。金陵刻本的《悉昙字记》为“严字之文”，而宗叡的《悉昙字记私记》为“严事之文”。本书从前者。

3. 仰月：向上弯的月亮，即上弦月。这里指𑖼中月牙形的笔画。

【原文】

或有所成[1]而异其名[2]。谓数字重成一字，而其下必正呼[3]，中上连合短呼之，不必正其音。如上娑下迦[4]，称阿索迦[5]等也。

【译文】

或者虽然可以组成新字，但是发音和原来的字有所不同。也就是说，几个字合在一起组成一个字，最下面的字按照自己本来的发音来读，中间和上面的部分可能连起来发短音，而不一定像单独的字那样发正音。例如上面是𑖭（娑）下面是𑖎（迦），应读成“阿索迦”。

【注解】

1. 有所成：可以生成字。

2. 异其名：发音和单个声母发音不同。名：指字的正常读音。

3. 正呼：字的标准读音或该字单独存在时的发音，称为该字的“正呼”。

4. 上娑下迦：即𑖭𑖿𑖎。𑖭的正常读音为“娑”，𑖎的正常读音为“迦”。

5. 阿索迦：𑖭和𑖎相重生成𑖭𑖿𑖎后，读作“阿索迦”，而不是读作“娑迦”。摩多𑖀和𑖭连起来短呼读作“阿索”，最下面的字𑖎正呼读作“迦”。

【原文】

或有其声而无其形[1]。此即阿索迦章等字，字则无阿，读之皆带其音也。

【译文】

或者在拼读时只有声音却没有对应的字。这里是指“阿索迦章”等章中的字，字里没有𑖀（“阿”），但是读时都带着“阿”音。

【注解】

1. 有其声而无其形：读音上有某字母的音，但是在字的结构上却见不到该字母的形体。𑖭𑖿𑖎一字中没有𑖀，但是拼读时读成“阿索迦”，即在𑖭前加上𑖀，连读成“阿索”。

【原文】

或不从字生，独为半体之文[1]。如怛达[2]、祇耶[3]等，用则有之，字体无也[4]。

【译文】

或者不是从字母简省转化生成的，仅仅以半体的形式存在。

如怛达（𑖿）、祇耶（ꠂ）等，用的时候才出现，没有对应的体文。

【注解】

1. 或不从字生，独为半体之文：只存在半体，而没有相应的体文。

2. 怛达：半体𑖿，音译为“怛达”。

3. 祇耶：半体ꠂ，音译为“祇耶”。但是前文认为ꠂ可能是य之省，注者更赞同这一说法。

4. 用则有之，字体无也：用到这个半体的时候半体出现，但是并没有一个完整的体文字母与之对应。

【原文】

或字有所阙[1]，则加怛达之文，而音掣呼之[2]。如迦[3]、佉[4]等字，下有达画[5]则云秸（吉八反）、稧（苦八反）等也。

【译文】

或者字有所缺失，于是加上一个“𑖿”，发音时要发半个音。如क（迦）、ख（佉）等字，下面加了笔画“𑖿”后，发音变成“秸”（吉八反）、“稧”（苦八反），等等，不在该字后带出अ阿韵。

【注解】

1. 阙：同“缺”。

2．音掣呼之：即发一半即止住。如[illegible]，正音为 ka，但是如果下面加一个ㄟ，就要读成 k, [illegible]（a）音就没有了。

3．迦：[illegible]。

4．佉：[illegible]。

5．达画：ㄟ这个笔画。“达”是ㄟ的读音，“画”是笔画。

【原文】

或源由字生[1]，增于异形[2]。如室梨[3]字，犹有奢罗之象[4]，错成印文[5]，若篆籀[6]也。

【译文】

或者同一字源，但是衍生出不同的形状。如[illegible](音译为“室梨”)这个字，其字的形状像“奢罗”，因此被误用于印记。这颇像汉字印章的篆刻多用篆籀体一样。

【注解】

1．源由字生：指异形字是由“正形”字衍生出来的。

2．增于异形：衍生出不同形体的字。

3．室梨：[illegible], 音译为“室梨”。

4．奢罗之象：字形像“奢罗”。奢罗：梵文音译，其义为锁[①]。

---

① 参见宥快：《悉昙字记闻书》（卷第四）。

5．印文：印记。

6．篆籀：“篆”是小篆，“籀”是大篆。篆籀是印章刻制常用字体。

【原文】

或考之其生，异之其形[1]。讫里[2]、俱罗[3]、俱娄[4]等，从迦之省；及胡卢[5]等文，摩多之异，犹草隶[6]也。

斯则梵书之大观[7]焉。

【译文】

或者同一字，因人而异写出不同的形状。如讫里、俱罗、俱娄等，都以迦为字头；还有胡卢等字，不同人写这些字的摩多笔画差别，几乎如同草、隶之差。

以上是对梵文的一个概述。

【注解】

1．考之其生，异之其形：如果考察字的本源，实际上是同一个字的变形。

2．讫里：，音译为“讫里”。

3．俱罗：，音译为“俱罗”。

4．俱娄：，音译为“俱娄”。

5．胡卢：[illegible]，音译为“胡卢”。

6．草隶：草书和隶书。这里是指不同人写出来的梵文，手写体和字的本体差异非常大。

7．大观：大概，梗概，总体情况。

悉昙字记·下篇

【原文】

悉昙字记

𑖡娜𑖦𑖺麽𑖭娑上𑖨𑖿𑖪啰嚩二合[1]𑖕𑖿𑖗社若而也反，二合𑖧也𑖭𑖰悉𑖟𑖿𑖠𑖽昙去声。[2]已上题目。

【译文】

南无娑啰嚩社若耶悉昙！以上是题目。

【注解】

1. 二合：𑖨𑖿𑖪是由𑖨、𑖪两个体文相重生成的复合体文。“啰”是体文𑖨，“嚩”是体文𑖪。

2. 𑖡𑖦𑖺𑖭𑖨𑖿𑖪𑖕𑖿𑖗𑖧𑖭𑖰𑖟𑖿𑖠𑖽：全句音译为“南无娑啰嚩社若耶悉昙”，意为“礼敬一切智者成就”。类似的句子通常被称为顶礼句，表示对圣贤、经典的恭敬。𑖡𑖦𑖺：顶礼、礼敬、皈依，或者直接音译为“南无”（汉语拼音 námó）。𑖭𑖨𑖿𑖪：一切，音译为“娑啰嚩”。𑖕𑖿𑖗：智慧，音译为“社若”。𑖭𑖰𑖟𑖿𑖠𑖽：成就，吉祥，音译为“悉昙”。

【原文】

悉昙[1]

𑖀，短阿字。上声，短呼，音近恶引。

𑖁，长阿字。依声长呼，别体作𑖁。

𑖂，短伊字。上声，声近于翼反，别体作𑗘。

𑖃，长伊字。依字长呼，别体作𑗚。

𑖄，短瓯字。上声，声近屋，别体作𑗜。

𑖅，长瓯字。长呼，别体作𑗝。

𑖊，短蔼字。去声，声近樱系反。

𑖋，长蔼字。近于界反。

𑖌，短奥字。去声，近污，别体作𑖌。

𑖍，长奥字。依字长呼，别体作𑖍。

𑖀𑖽，短暗字。去声，声近于鉴反，别体作𑖀𑖽。

𑖀𑖾，长痾字。去声，近恶。

义净三藏[2]云："上之三对，上短下长；下三对，上长下短[3]。"

【译文】

悉昙

𑖀：短阿。上声，短音，声音接近唐音"恶"。

𑖁；长阿。长音。也可以写作𑖁。

𑗘：短伊。上声，声音接近唐音的“于翼反”。也可写作𑗙。

𑖃：长伊。长音。也可以写作𑗚。

𑖄：短瓯。上声，声音接近唐音的“屋”。也可写作𑗛。

𑖅：长瓯。长音。也可写作𑗜。

𑖊：短蔼。去声，声音接近唐音的“樱系反”。

𑖋：长蔼。声音接近于唐音的“于界反”。

𑖌：短奥。去声，声音接近唐音的“污”。也可写作𑖌。

𑖍：长奥。长音。也可写作𑖍。

𑖀𑖽：短暗。去声，声音接近唐音的“于鉴反”。也可写作𑖀𑖽。

𑖀𑖾：长痾。去声，声音接近于唐音的“恶”。

义净三藏说：上面的三对音是上短下长，下面的三对音是上长下短。

【注解】

1．悉昙：此处指狭义悉昙，即十二个悉昙韵母。十二个韵母及其拉丁字母转写、智广注的唐音对照见表2。

表2　悉昙韵母发音对照

序号	悉昙韵母	拉丁字母转写	智广注音	序号	悉昙韵母	拉丁字母转写	智广注音
1	𑖀	a	短阿	9	𑖌	o	短奥
2	𑖁	ā	长阿	10	𑖍	au	长奥
3	𑗘	i	短伊	11	𑖀𑖽	am	短暗
4	𑖃	ī	长伊	12	𑖀𑖾	aḥ	长痾

续表

序号	悉昙韵母	拉丁字母转写	智广注音	序号	悉昙韵母	拉丁字母转写	智广注音
5	𑖄	u	短瓯	13	𑖆	ṛ	纥里
6	𑖅	ū	长瓯	14	𑖇	ṝ	纥梨
7	𑖊	e	短蔼	15	𑖈	ḷ	里
8	𑖋	ai	长蔼	16	𑖉	ḹ	梨

2. 义净三藏：我国唐代著名高僧，生于公元635年，卒于公元713年。义净法师和东晋法显（公元334—420年）、唐代玄奘（公元602—664年）一样，都曾经赴西域取经求法，深得佛法奥义。义净数次往返大唐和西域，将大量梵文佛典带回中国。义净也是我国佛教史上著名译经师之一，对于佛教文化在中国的传播发挥了非常重要的作用。

3. 上之三对，上短上长；下三对，上长下短：上三对是短阿𑖀、长阿𑖁；短伊𑖂、长伊𑖃；短瓯𑖄、长瓯𑖅。下三对是短蔼𑖊、长蔼𑖋；短奥𑖌、长奥𑖍；短暗𑖀𑖽、长疴𑖀𑖾。智广师从南天竺的般若菩提，他的悉昙发音与义净的中天竺发音存在差异。前三对的发音智广和义净是一致的，后三对则在音程上长短不一。

【原文】

右[1]悉昙十二字[2]，为后章之韵[3]。如用迦字之声，对阿、伊、瓯等十二韵呼之，则生得下迦、机、钩[4]矩侯反[5]等十二字；次用佉字之声，则生得佉、欺、丘[6]区侯反[7]等十二字；次生伽、其、求[8]瞿侯反[9]等十二字；已下例然[10]。且先书短迦字[11]一十二文，从第二字已下加其摩多[12]，即字形别[13]也；用悉昙韵[14]呼之，则识[15]其字名[16]也。佉、伽已下至叉字[17]例然，以成一章[18]。

【译文】

上面所说的十二个悉昙字，是后续各章悉昙字发音的韵。比如对𑖎 迦 字的声，发𑖀 阿 、𑖂 伊 、𑖄 瓯 等十二韵，则生成𑖎（迦）、𑖎𑖰（机）、𑖎𑖲(钩矩侯反)等十二字。接下来，用𑖏（佉）字的声，发十二韵，则生成𑖏 佉 、𑖏𑖰 欺 、𑖏𑖲 丘区侯反 等十二字。紧接着从𑖐（伽）字发十二韵，生成𑖐（伽）、𑖐𑖰 其 、𑖐𑖲 求瞿侯反 等十二字。后面的字以此类推。书写时，先写不带摩多的𑖎字，从第二个字开始，依次加上相应的摩多，就形成不同的字形；用对应的悉昙韵呼𑖎的声，就是这些字的名了。从𑖏 佉 、𑖐 伽 往后，直至𑖎𑖿𑖬 叉 字，以此类推，这样就生成了第一章。

【注解】

1．右：即前文。古文书写、印刷是自右向左依次竖排，因此右侧的文字为前文或上文，左侧的文字为后文或下文。

2．悉昙十二字：即表 2 中序号 1～12 这十二个悉昙韵母，此处的“悉昙”指这十二悉昙韵母。

智广在上篇中提到：“其中有𑖊纥里二合等四文，悉昙有之，非生字所用，今略也。”但是为了完整起见，注者也把这四个字母一并列出，即表 2 中序号为 13～16 的字母𑖊、𑖋、𑖌、𑖍。

3．为后章之韵：为后续各章悉昙梵字发音的韵部。

4．迦、机、钩：以𑖎为声，发𑖀、𑖂、𑖄之韵，生成的悉昙字分别为𑖎、𑖎𑖰、𑖎𑖲。

5．矩侯反：指𑖎𑖲的发音近似于取汉字“矩”的声与“侯”的韵和调拼起来的音。

6．佉、欺、丘：以𑖏为声，发𑖀、𑖂、𑖄之韵，生成的悉昙字分别为𑖏、𑖏𑖰、𑖏𑖲。“佉”“欺”“丘”分别是𑖏、𑖏𑖰、𑖏𑖲的音译。

7．区侯反：𑖏𑖲的发音近似于“区侯反”。

8．伽、其、求：以𑖐为声，发𑖀、𑖂、𑖄之韵，生成的悉昙字分别为𑖐　伽　、𑖐𑖰　其　、𑖐𑖲　求　。

9．瞿侯反：𑖐𑖲的发音近似于“瞿侯反”。

10．已下例然：以下以此类推。

11．短迦字：即𑖎。这里的“短”，是指音的短，而不是指字的尺寸。读迦字是以𑖎为声，发短阿𑖀的韵，生成的字就是

𑖎自身，称为“短迦”字。

12. 从第二字已下加其摩多：从第二个字开始，要在𑖎字上加对应的摩多。已下：以下。“摩多”即悉昙韵母在生字时简化成的点画，也称摩多点画（见表 3）。

表 3　悉昙韵母的摩多点画

序号	悉昙韵母	字名	摩多点画	序号	悉昙韵母	字名	摩多点画
1	𑖀	短阿	◌	9	𑖌	短奥	◌𑖺
2	𑖁	长阿	◌𑖯	10	𑖍	长奥	◌𑖻
3	𑖂	短伊	◌𑖰	11	𑖀𑖽	短暗	◌𑖽
4	𑖃	长伊	◌𑖱	12	𑖀𑖾	长痾	◌𑖾
5	𑖄	短瓯	◌𑖲	13	𑖆	纥里	◌𑖴
6	𑖅	长瓯	◌𑖳	14	𑖇	纥梨	◌𑖵
7	𑖊	短蔼	◌𑖸	15	𑖈	里	—
8	𑖋	长蔼	◌𑖹	16	𑖉	梨	—

13. 字形别：得到不同的字形。

14. 悉昙韵：即以十二个悉昙韵母的发音为韵部。

15. 识：标识，知道。

16. 字名：字的名相。每个悉昙字都是一个名相。对于悉昙字这样的名相而言，其属性有三：一是字体或字形，二是发音，三是字义。

17. 佉、伽已下至叉字：从𑖏（佉）、𑖐　伽　到𑖎𑖿𑖬　叉字。即依次以所有的体文为声发十二韵。

18．以成一章：以这样的构字规则，形成悉昙第一章。

【原文】

旧云十四音[1]者，即于悉昙十二字中瓯字之下，次有𑖆纥里、𑖇纥梨、𑖈里、𑖉梨四字。即除前悉昙中最后两字[2]，谓之界畔字[3]也，余则为十四音。今约[4]生字，除纥里等四字[5]也。

【译文】

从前也有十四音的说法，即在悉昙十二韵中，从𑖅(瓯)字开始，接上𑖆　纥里　、𑖇　纥梨　、𑖈　里　、𑖉　梨　四字。就是除去悉昙的最后两个字，这两个字也叫界畔字。那么最后就变成了十四个音。现在我们这里讨论的是如何生字，因此把𑖆　纥里　等四个字剔除了。

【注解】

1．十四音：𑖀、𑖁、𑖂、𑖃、𑖄、𑖅、𑖊、𑖋、𑖌、𑖍、𑖀𑖽、𑖀𑖾，称为悉昙十二韵。将十二韵去掉最后的𑖀𑖽、𑖀𑖾，加上𑖆、𑖇、𑖈、𑖉，就形成了𑖀、𑖁、𑖂、𑖃、𑖄、𑖅、𑖊、𑖋、𑖌、𑖍、𑖆、𑖇、𑖈、𑖉十四个字，称为十四音。

2．悉昙中最后两字：十二个悉昙韵母中的最后两个字母，即𑖀𑖽、𑖀𑖾两字。

3．界畔字：即𑖀𑖽、𑖀𑖾，此二字是代表界畔的字。界：境域；畔：边界。在佛教的“字五转”中，𑖀是发菩提心，𑖁是修行，𑖀𑖽是证菩提，𑖀𑖾是入涅槃，𑖁𑖾表示圆满方便究竟　证得菩提是出离烦恼，即离烦恼界；入涅槃是出离生死，即离生死界。因此这里说𑖀𑖽、𑖀𑖾是界畔字。

4．约：约定。在这里是指本书的范围约束在生字规律的讨论上。

5．除纥里等四字：除去𑖋　纥里　、𑖌、𑖍、𑖎这四个字。因为本书讨论的是如何通过原始垂则四十七言生字，而“纥里”等四字不生字，本书没必要涉及它们。

【原文】

体文（亦曰字母）[1]

𑖎，迦字。居下反，音近姜可反。

𑖏，佉字。去下反，音近去可反。

𑖐，伽字。渠下反，轻音，音近其下反。余国有音疑可反。

𑖑，伽字。重音，渠我反。

𑖒，哦字。鱼下反，音近鱼可反。余国有音鱼讲反。别体作𑖒，加摩多。

已上五字牙声[2]。

𑖓，者字。止下反，音近作可反。

𑖔，车字。昌下反，音近仓可反。别体作𑖔。

𑖕，社字。杓下反，轻音，音近作可反。余国有音而下反。别体作𑖕。

𑖖，社字。重音，音近昨我反。

𑖗，若字。而下反，音近若我反。余国有音壤。别体作𑖗。

已上五字齿声[3]。

𑖘，吒字。卓下反，音近卓我反。别体作𑖘，加摩多。

𑖙，侘字。拆下反，音近折我反。别体作𑖙。

𑖚，荼字。宅下反，轻音。余国有音搦下反。

𑖛，荼字。重音，音近幢我反。

𑖜，拏字。搦下反，音近搦我反。余国有音拏讲反。别体作𑖜，加摩多。

已上五字舌声[4]。

𑖝，多字。怛下反，音近多可反。别体作𑖝。

𑖞，他字。他下反，音近他可反。

𑖟，陀字。大下反，轻音。余国有音陀可反。

𑖠，陀字。重音，音近陀可反。

𑖡，那字。捺下反，音近那可反。余国有音曩。别体作𑖡。

已上五字喉声[5]。

𑖢，波字。钵下反，音近波我反。

𑖣，颇字。破下反，音近破我反。

𑖤，婆字。罢下反，轻音。余国有音麼。字下不尖，异后。

𑖥，婆字。重音，薄我反。

𑖦麽字。莫下反，音近莫可反。余国有音莽。

已上五字唇声[6]。

𑖧，也字。药下反，音近药可反。又音祇也反，讹也。

𑖨，啰字。曷力下反，三合。卷舌呼啰。

𑖩，罗字。洛下反，音近洛可反。

𑖪，嚩字。房下反，音近房可反。旧又音和。一云字下尖。

𑖫，奢字。舍下反，音近舍可反。

𑖬，沙字。沙下反，音近沙可反。一音府下反。

𑖭，娑字。娑下反，音近娑可反。

𑖮，诃字。许下反，音近许可反。一本音贺。

𑖩𑖿𑖩𑖽，滥字。力陷反，音近郎绀反。

𑖎𑖿𑖬，叉字。楚下反，音近楚可反。

已上十字遍口声[7]。

【译文】

体文（也称为字母）

𑖎，迦字。居下反，音接近姜可反。

𑖏，佉字。去下反，音接近去可反。

𑖐，伽字。渠下反，轻音，音接近其下反。有些地方读作疑可反。

𑖑，伽字。重音，渠我反。

𑖒，哦。鱼下反，音接近鱼可反。有些地方读鱼讲反。也可写作𑖒，加上摩多。

已上五个字为牙声。

𑖓，者。止下反，音接近作可反。

𑖔，车。昌下反，音接近仓可反。也可写作𑖔。

𑖕，社。杓下反，轻音，音接近作可反。有些地方读而下反，也可写作𑖕。

𑖖，社。重音，音接近昨我反。

𑖗，若字。而下反，音接近若我反。有些地方读壤。也可写作𑖗。

已上五字为齿声。

𑖘，吒字。卓下反，音接近卓我反。也可写作𑖘，加摩多。

𑖙，侘字。拆下反，音接近折我反，也可写作𑖙。

𑖚，荼。宅下反，轻音。有些地方读搦下反。

𑖛，荼。重音，音接近幢我反。

𑖜，拏字。搦下反，音接近搦我反。有些地方读作拏讲反，也可写作𑖜，加摩多。

以上五字为舌声。

𑖝，多。怛下反，音接近多可反。也可写作𑖝。

𑖞，他。他下反，音接近他可反。

𑖟，陀。大下反，轻音，有些地方读作陀可反。

𑖠，陀。重音，接近陀可反。

，那。捺下反，音接近那可反。有些地方读作曩。也可写作。

以上五字为喉声。

，波，钵下反，音接近波我反。

，颇。破下反，音接近破我反。

，婆。罢下反，轻音。有些地方读作麽。字的下面不尖，后面的字不同。

，婆。重音，薄我反。

，麽。莫下反，音接近莫可反。有些地方读作莽。

已上五字唇声。

，也。药下反，音接近药可反。有人读成祇也反，是讹误。

，啰。曷力下反，是三个音组合成的读音。发啰声时要卷舌。

，罗。洛下反，音接近洛可反。

，嚩。房下反，音接近房可反。从前也有人读作和。又叫作“字下尖”（与、相比）。

，奢。舍下反，音接近舍可反。

，沙。沙下反，音接近沙可反。也有人读作府下反。

，娑。娑下反，音接近娑可反。

，诃。许下反，音接近许可反。有人认为其本音为贺。

，滥。力陷反，音接近郎绀反。

，叉字。楚下反，音接近楚可反。

已上十字遍口声。

【注解】

1. 体文（亦曰字母）：体文（也称为字母）。这段正文中列出的悉昙字除了自身的意义外，它们在构字上有两个作用。其一是从字的造型上来说，这些字主要构成将要衍生出来的新字的形体架构，因此把这些字称为“体文”或“字母”；其二是从发音上来说，这些字构成新字发音的声，而摩多则代表新字发音的韵，因此后人又把体文称为声母。

2. 牙声：按发音部位和发音方法，把𑖎、𑖏、𑖐、𑖑、𑖒这五个声母归类为牙声组。这里对发声的分类与现代梵语教材的分类不同，这说明现代梵文发音与智广时代天竺诸国的梵文发音有着巨大差异。按照智广的发音原理，𑖎的音相当于现代汉语的拼音 jia（居下反），j 显然正是牙音。正是如此，𑖫𑖯𑖎𑖿𑖧𑖦𑖲𑖡𑖰 (śākyamuni) 自唐代以前就译为“释迦牟尼”，即把𑖎𑖿𑖧（拉丁字母注音 kya）译成了“迦”，而没有按照现代梵文的发音译成“噶”或类似汉语拼音 ga 的音。

表 4 是牙声组的五个体文字母的拉丁字母注音及与智广译音的对照表。

表 4　牙声组体文及发音

字母序号	悉昙声母	拉丁字母注音	智广译音
1	𑖎	ka	迦
2	𑖏	kha	佉
3	𑖐	ga	迦
4	𑖑	gha	伽
5	𑖒	ṅ	哦

3．齿声：按发音部位和发音方法，把𑖓、𑖔、𑖕、𑖖、𑖗这五个声母归类为齿声组。这五个字与拉丁字母注音、智广译音对照见表 5。

表 5　齿声组体文即发音

字母序号	悉昙体文	拉丁字母注音	智广译音
1	𑖓	ca	者
2	𑖔	cha	车
3	𑖕	ja	社
4	𑖖	jha	社
5	𑖗	ña	若

4．舌声：按发音部位和发音方法，把𑖘、𑖙、𑖚、𑖛、𑖜这五个声母归类为舌声组，其中𑖜是鼻音。这五个音与拉丁字母注音、智广译音对照见表 6。

表 6　舌声组体文发音对照

字母序号	悉昙声母	拉丁字母注音	智广译音
1	𑖘	ṭa	吒
2	𑖙	ṭha	侘
3	𑖚	ḍa	荼
4	𑖛	ḍha	荼
5	𑖜	ṇa	拏

5．喉声：按发音部位和发音方法，把𑖝、𑖞、𑖟、𑖠、𑖡这五个声母归类为喉声组，其中𑖡是鼻音。这五个体文字母与拉丁字母注音、智广译音的对照见表 7。

表 7　喉声组体文发音对照

字母序号	悉昙体文	拉丁字母注音	智广译音
1	𑖝	ta	多

续表

字母序号	悉昙体文	拉丁字母注音	智广译音
2	𑖞	tha	他
3	𑖟	da	陀
4	𑖠	dha	陀
5	𑖡	na	那

6．唇声：按发音部位和发音方法，把𑖢、𑖣、𑖤、𑖥、𑖦这五个声母归类为唇声组，其中最后一个字𑖦是鼻音。这五个字与拉丁字母注音、智广译音的对照见表 8。

表 8　唇声组体文发音对照

字母序号	悉昙体文	拉丁字母注音	智广译音
1	𑖢	pa	波
2	𑖣	pha	颇
3	𑖤	ba	婆
4	𑖥	bha	婆
5	𑖦	ma	麽

7．遍口声：遍口声包括𑖧、𑖨、𑖩、𑖪、𑖫、𑖬、𑖭、𑖮、𑖩𑖿𑖩𑖽、𑖎𑖿𑖬，共十个字，读这十个字时声音要充满口腔，故称遍口声。遍口声十个字与拉丁字母注音、智广译音对照见表 9。

表 9　遍口声体文发音对照

字母序号	悉昙体文	拉丁字母注音	智广译音
1	𑖧	ya	也
2	𑖨	ra	啰
3	𑖩	la	罗
4	𑖪	va	嚩

续表

字母序号	悉昙体文	拉丁字母注音	智广译音
5	𑖫	ś	奢
6	𑖬	ṣ	沙
7	𑖭	sa	娑
8	𑖮	ha	诃
9	𑖩𑖿𑖩𑖽	llaṃ	滥
10	𑖎𑖿𑖬	kṣa	叉

【原文】

右字体[1]三十五字，后章[2]用三十四字为体。唯滥字[3]全不能生[4]，余随所生[5]，具如当章论之[6]。

【译文】

上面的体文共三十五个字，后面各章用其中的三十四个字作为衍生新字的形体。只有𑖩𑖿𑖩𑖽这个字在所有各章都不能用来生字。其余的体文根据其生字的规则，放在相应的章节论述。

【注解】

1. 字体：字的形体。体文字母在生成新字的过程中，其作用是形成所生字的形体架构。虽然体文是悉昙梵字的形体架构，但是在生字时不一定原封不动地直接拿来生字。如[illegible]是对[illegible]发[illegible]韵生成的字，在[illegible]中，[illegible]简省成了[illegible] 即去掉尾部简化成了上半体[illegible]。所有体文的半体形式见表 10。

表 10　体文半体一览

序号	体文	半体		序号	体文	半体	
		上半体	下半体			上半体	下半体
1	𑖎	[illegible]	[illegible]	19	𑖠	[illegible]	[illegible]
2	𑖏	[illegible]	[illegible]	20	𑖡	[illegible]	[illegible]
3	𑖐	[illegible]	[illegible]	21	𑖢	[illegible]	[illegible]
4	𑖑	[illegible]	[illegible]	22	𑖣	[illegible]	[illegible]
5	𑖒	[illegible]	[illegible]	23	𑖤	[illegible]	[illegible]
6	𑖓	[illegible]	[illegible]	24	𑖥	[illegible]	[illegible]
7	𑖔	[illegible]	[illegible]	25	𑖦	[illegible]	[illegible]
8	𑖕	[illegible]	[illegible]	26	𑖧	[illegible]	[illegible]
9	𑖖	[illegible]	[illegible]	27	𑖨	[illegible]	[illegible]
10	𑖗	[illegible]	[illegible]	28	𑖩	[illegible]	[illegible]
11	𑖘	[illegible]	[illegible]	29	𑖪	[illegible]	[illegible]
12	𑖙	[illegible]	[illegible]	30	𑖫	[illegible]	[illegible]
13	𑖚	[illegible]	[illegible]	31	𑖬	[illegible]	[illegible]
14	𑖛	[illegible]	[illegible]	32	𑖭	[illegible]	[illegible]
15	𑖜	[illegible]	[illegible]	33	𑖮	[illegible]	[illegible]
16	𑖝	[illegible]	[illegible]	34	𑖎𑖿𑖬	[illegible]	[illegible]
17	𑖞	[illegible]	[illegible]	35	𑖩𑖿𑖩𑖽	—	—
18	𑖟	[illegible]	[illegible]	—	—	—	—

2．后章：后续各章。

3．唯滥字：只有𑖩𑖿𑖩𑖽（滥）这个字。𑖩𑖿𑖩𑖽音译为“滥”。

4．全不能生：在各章都不能用来生字。全：所有的，全部的。

5．余随所生：其余的字根据其生字规则。余：其余，即除𑖩𑖿𑖩𑖽之外的三十四个字。

6．具如当章论之：详细情况正如相应各章所论述的那样。

具：详细，细节。如：如同。当章：相应的章节。

第一章

【原文】

𑖎迦、𑖎𑖯迦[1]。

右初章[2]生字四百有八[3]。先于字母中，每字平书一十二文；次[4]将摩多如次[5]点之，则字形别[6]也；用悉昙韵呼之，则识其字名[7]也。其摩多有别体者，任逐便[8]用之，皆通[9]。此初章为后相次六章[10]之体。先书此章字，但除重及啰、罗[11]三字，合三十二字[12]，所生三百八十四字[13]。即将𑖧也等字，如次于下合之[14]，后加摩多，则字字别也。将悉昙十二韵相对呼之，则识其字名也。恐未晓悟，更每章头[15]书一、二数字，以为规准[16]，后皆效此。

【译文】

𑖎迦、𑖎𑖯迦。

第一章共生成四百零八个字。我们先按照字母表的顺序，把每个字母与十二韵对应的体文都写出来，再将与十二韵对应的摩多依次加到每个体文上，这样每个字就有了各自不同的形体。用悉昙的韵呼对应的体文，那么这个字的名字就有了。如果摩多有不同写法，随便用哪种写法都是可以的。自第一章开始的后续六章梵字形体的书写方法是：先写第一章的梵字，但是要除去当体重、𑖨（啰）、𑖩𑖿𑖩𑖽（罗）共三个体文字母，剩下三十二个体文字母，那么总共可以生成三百八十四个字。也就是说，将𑖧（也）等字，依次接在初章体文的下面，然后加上摩多，那么每个字的形体都是不同的。再以悉昙十二韵来呼这些体文的声，就得到了每个字的名字。这么说也许读者还不能完全明白，因此每一章开始先写出几个字，作为样板，后面的字依次构造就行了。

【注解】

1．𑖎迦、𑖎𑖯迦：以初章的开头两个字作示范。第一个𑖎（迦）发音为 ka（拉丁字母注音），第二个𑖎𑖯（迦）发音为 kā（拉丁字母注音）；两个字的音译均为“迦”。

2．右初章：即第一章。

3．生字四百有八：衍生出四百零八个字。体文字母除去𑖩𑖿𑖩𑖽（滥）还剩下三十四个，每个体文字母都可以呼十二韵衍生十二个梵字，共生成四百零八个梵字（见表 11）。

表 11　悉昙初章生四百零八字

生字体文序列	第一章衍生字											
𑖎	𑖎	𑖎𑖯	𑖎𑖰	𑖎𑖱	𑖎𑖲	𑖎𑖳	𑖎𑖸	𑖎𑖹	𑖎𑖺	𑖎𑖻	𑖎𑖽	𑖎𑖾
𑖏	𑖏	𑖏𑖯	𑖏𑖰	𑖏𑖱	𑖏𑖲	𑖏𑖳	𑖏𑖸	𑖏𑖹	𑖏𑖺	𑖏𑖻	𑖏𑖽	𑖏𑖾

续表

生字体文序列	第一章衍生字											
𑖐	𑖐	𑖐𑖯	𑖐𑖰	𑖐𑖱	𑖐𑖲	𑖐𑖳	𑖐𑖸	𑖐𑖹	𑖐𑖺	𑖐𑖻	𑖐𑖽	𑖐𑖾
𑖑	𑖑	𑖑𑖯	𑖑𑖰	𑖑𑖱	𑖑𑖲	𑖑𑖳	𑖑𑖸	𑖑𑖹	𑖑𑖺	𑖑𑖻	𑖑𑖽	𑖑𑖾
𑖒	𑖒	𑖒𑖯	𑖒𑖰	𑖒𑖱	𑖒𑖲	𑖒𑖳	𑖒𑖸	𑖒𑖹	𑖒𑖺	𑖒𑖻	𑖒𑖽	𑖒𑖾
𑖓	𑖓	𑖓𑖯	𑖓𑖰	𑖓𑖱	𑖓𑖲	𑖓𑖳	𑖓𑖸	𑖓𑖹	𑖓𑖺	𑖓𑖻	𑖓𑖽	𑖓𑖾
𑖔	𑖔	𑖔𑖯	𑖔𑖰	𑖔𑖱	𑖔𑖲	𑖔𑖳	𑖔𑖸	𑖔𑖹	𑖔𑖺	𑖔𑖻	𑖔𑖽	𑖔𑖾
𑖕	𑖕	𑖕𑖯	𑖕𑖰	𑖕𑖱	𑖕𑖲	𑖕𑖳	𑖕𑖸	𑖕𑖹	𑖕𑖺	𑖕𑖻	𑖕𑖽	𑖕𑖾
𑖖	𑖖	𑖖𑖯	𑖖𑖰	𑖖𑖱	𑖖𑖲	𑖖𑖳	𑖖𑖸	𑖖𑖹	𑖖𑖺	𑖖𑖻	𑖖𑖽	𑖖𑖾
𑖗	𑖗	𑖗𑖯	𑖗𑖰	𑖗𑖱	𑖗𑖲	𑖗𑖳	𑖗𑖸	𑖗𑖹	𑖗𑖺	𑖗𑖻	𑖗𑖽	𑖗𑖾
𑖘	𑖘	𑖘𑖯	𑖘𑖰	𑖘𑖱	𑖘𑖲	𑖘𑖳	𑖘𑖸	𑖘𑖹	𑖘𑖺	𑖘𑖻	𑖘𑖽	𑖘𑖾
𑖙	𑖙	𑖙𑖯	𑖙𑖰	𑖙𑖱	𑖙𑖲	𑖙𑖳	𑖙𑖸	𑖙𑖹	𑖙𑖺	𑖙𑖻	𑖙𑖽	𑖙𑖾
𑖚	𑖚	𑖚𑖯	𑖚𑖰	𑖚𑖱	𑖚𑖲	𑖚𑖳	𑖚𑖸	𑖚𑖹	𑖚𑖺	𑖚𑖻	𑖚𑖽	𑖚𑖾
𑖛	𑖛	𑖛𑖯	𑖛𑖰	𑖛𑖱	𑖛𑖲	𑖛𑖳	𑖛𑖸	𑖛𑖹	𑖛𑖺	𑖛𑖻	𑖛𑖽	𑖛𑖾
𑖜	𑖜	𑖜𑖯	𑖜𑖰	𑖜𑖱	𑖜𑖲	𑖜𑖳	𑖜𑖸	𑖜𑖹	𑖜𑖺	𑖜𑖻	𑖜𑖽	𑖜𑖾
𑖝	𑖝	𑖝𑖯	𑖝𑖰	𑖝𑖱	𑖝𑖲	𑖝𑖳	𑖝𑖸	𑖝𑖹	𑖝𑖺	𑖝𑖻	𑖝𑖽	𑖝𑖾
𑖞	𑖞	𑖞𑖯	𑖞𑖰	𑖞𑖱	𑖞𑖲	𑖞𑖳	𑖞𑖸	𑖞𑖹	𑖞𑖺	𑖞𑖻	𑖞𑖽	𑖞𑖾
𑖟	𑖟	𑖟𑖯	𑖟𑖰	𑖟𑖱	𑖟𑖲	𑖟𑖳	𑖟𑖸	𑖟𑖹	𑖟𑖺	𑖟𑖻	𑖟𑖽	𑖟𑖾
𑖠	𑖠	𑖠𑖯	𑖠𑖰	𑖠𑖱	𑖠𑖲	𑖠𑖳	𑖠𑖸	𑖠𑖹	𑖠𑖺	𑖠𑖻	𑖠𑖽	𑖠𑖾
𑖡	𑖡	𑖡𑖯	𑖡𑖰	𑖡𑖱	𑖡𑖲	𑖡𑖳	𑖡𑖸	𑖡𑖹	𑖡𑖺	𑖡𑖻	𑖡𑖽	𑖡𑖾
𑖢	𑖢	𑖢𑖯	𑖢𑖰	𑖢𑖱	𑖢𑖲	𑖢𑖳	𑖢𑖸	𑖢𑖹	𑖢𑖺	𑖢𑖻	𑖢𑖽	𑖢𑖾
𑖣	𑖣	𑖣𑖯	𑖣𑖰	𑖣𑖱	𑖣𑖲	𑖣𑖳	𑖣𑖸	𑖣𑖹	𑖣𑖺	𑖣𑖻	𑖣𑖽	𑖣𑖾
𑖤	𑖤	𑖤𑖯	𑖤𑖰	𑖤𑖱	𑖤𑖲	𑖤𑖳	𑖤𑖸	𑖤𑖹	𑖤𑖺	𑖤𑖻	𑖤𑖽	𑖤𑖾
𑖥	𑖥	𑖥𑖯	𑖥𑖰	𑖥𑖱	𑖥𑖲	𑖥𑖳	𑖥𑖸	𑖥𑖹	𑖥𑖺	𑖥𑖻	𑖥𑖽	𑖥𑖾
𑖦	𑖦	𑖦𑖯	𑖦𑖰	𑖦𑖱	𑖦𑖲	𑖦𑖳	𑖦𑖸	𑖦𑖹	𑖦𑖺	𑖦𑖻	𑖦𑖽	𑖦𑖾
𑖧	𑖧	𑖧𑖯	𑖧𑖰	𑖧𑖱	𑖧𑖲	𑖧𑖳	𑖧𑖸	𑖧𑖹	𑖧𑖺	𑖧𑖻	𑖧𑖽	𑖧𑖾
𑖨	𑖨	𑖨𑖯	𑖨𑖰	𑖨𑖱	𑖨𑖲	𑖨𑖳	𑖨𑖸	𑖨𑖹	𑖨𑖺	𑖨𑖻	𑖨𑖽	𑖨𑖾
𑖩	𑖩	𑖩𑖯	𑖩𑖰	𑖩𑖱	𑖩𑖲	𑖩𑖳	𑖩𑖸	𑖩𑖹	𑖩𑖺	𑖩𑖻	𑖩𑖽	𑖩𑖾
𑖪	𑖪	𑖪𑖯	𑖪𑖰	𑖪𑖱	𑖪𑖲	𑖪𑖳	𑖪𑖸	𑖪𑖹	𑖪𑖺	𑖪𑖻	𑖪𑖽	𑖪𑖾
𑖫	𑖫	𑖫𑖯	𑖫𑖰	𑖫𑖱	𑖫𑖲	𑖫𑖳	𑖫𑖸	𑖫𑖹	𑖫𑖺	𑖫𑖻	𑖫𑖽	𑖫𑖾
𑖬	𑖬	𑖬𑖯	𑖬𑖰	𑖬𑖱	𑖬𑖲	𑖬𑖳	𑖬𑖸	𑖬𑖹	𑖬𑖺	𑖬𑖻	𑖬𑖽	𑖬𑖾

续表

生字体文序列	第一章衍生字											
𑖦	𑖦	𑖦𑖯	𑖦𑖰	𑖦𑖱	𑖦𑖲	𑖦𑖳	𑖦𑖸	𑖦𑖹	𑖦𑖺	𑖦𑖻	𑖦𑖽	𑖦𑖾
𑖩	不生字											
𑖎𑖿𑖬	𑖎𑖿𑖬	𑖎𑖿𑖬𑖯	𑖎𑖿𑖬𑖰	𑖎𑖿𑖬𑖱	𑖎𑖿𑖬𑖲	𑖎𑖿𑖬𑖳	𑖎𑖿𑖬𑖸	𑖎𑖿𑖬𑖹	𑖎𑖿𑖬𑖺	𑖎𑖿𑖬𑖻	𑖎𑖿𑖬𑖽	𑖎𑖿𑖬𑖾

4．次：然后，接着。

5．如次：依次，按顺序。

6．字形别：字形不同。别：差别。

7．识其字名：字的名字得以标识。识：识得，标识。字名：字的名字，也就是字对应的发音。

8．任逐便：随便。任：任意。逐：随，追逐。便：方便。

9．皆通：都是对的。

10．相次六章：后续六章。

11．啰、罗：啰是𑖨的音译。罗是𑖩的音译。

12：合三十二字：剩下共计三十二个体文。后续六章用于生字的体文要从三十五个体文字母中去掉可能形成当体重的一个体文，以及𑖨、𑖩二个体文，因此可以生字的体文共有三十二个。

13．生三百八十四字：衍生出三百八十四个字。三十二个体文，每个体文对应十二韵可以衍生出十二个字，加起来共生三百八十四个字（见表 11）。

14．将𑖧也等字，如次于下合之：将𑖧也等字，依次接到第一章的体文下面。

15．每章头：每一章的开头。

16．规准：标准，规范。

第二章

【原文】

[1]己也二合、[2]纪耶二合、[3]纪以二合、[4]纪夷二合、[5]矩庾二合、[6]矩俞二合、[7]枳曳二合、[8]枳勣与盖反、[9]句俞二合、[10]句曜庾告反、[11]矩焰、[12]迦上夜。[13]已上第二章初字所生一十二文，后皆效此[14]。读者连带[15]转声调韵呼之。

【译文】

己也二合音、纪耶二合音、纪以二合音、纪夷二合音、矩庾二合音、矩俞二合音、枳曳二合音、枳勣与盖反、句俞二合音、句曜庾告反、矩焰、迦上夜二合音。以上是第二章中由第一个体文所衍生的十二个字。其他体文字母所生的字都遵循同样的生字规则。读的时候两个体文的声要连起来，并配合韵和调来发音。

【注解】

1．：是下接形成的复合体文。是的上半体，是𑖧的下半体。

2. 𑖎𑖿𑖧𑖯：□𑖯是𑖁的摩多点画。

3. 𑖎𑖿𑖧𑖰：□𑖰是𑖂的摩多点画。

4. 𑖎𑖿𑖧𑖱：□𑖱是𑖃的摩多点画。

5. 𑖎𑖿𑖧𑖲：□𑖲是𑖄的摩多点画。

6. 𑖎𑖿𑖧𑖳：□𑖳是𑖅的摩多点画。

7. 𑖎𑖿𑖧𑖸：□𑖸是𑖊的摩多点画。

8. 𑖎𑖿𑖧𑖹：□𑖹是𑖋的摩多点画。

9. 𑖎𑖿𑖧𑖺：□𑖺是𑖌的摩多点画。

10. 𑖎𑖿𑖧𑖻：□𑖻是𑖍的摩多点画。

11. 𑖎𑖿𑖧𑖽：□𑖽是𑖀𑖽的摩多点画。

12. 𑖎𑖿𑖧𑖾：□𑖾是𑖀𑖾的摩多点画。

13. 这十二个字发音的拉丁字母注音如下：𑖎𑖿𑖧（kya）、𑖎𑖿𑖧𑖯（kyā）、𑖎𑖿𑖧𑖰（kyi）、𑖎𑖿𑖧𑖱（kyī）、𑖎𑖿𑖧𑖲（kyu）、𑖎𑖿𑖧𑖳（kyū）、𑖎𑖿𑖧𑖸（kye）、𑖎𑖿𑖧𑖹（kyai）、𑖎𑖿𑖧𑖺（kyo）、𑖎𑖿𑖧𑖻（kyau）、𑖎𑖿𑖧𑖽（kyaṃ）、𑖎𑖿𑖧𑖾（kyaḥ）。

14. 第二章初字所生一十二文，后皆效此：𑖎𑖿𑖧～𑖎𑖿𑖧𑖾是第二章由生字的体文序列中的第一个体文衍生的十二个字，其他字依次类推。第二章衍生的三百八十四字见表 12。

表 12　悉昙第二章三百八十四字

生字休文序列	第二章衍生字											
𑖎	𑖎𑖿𑖧	𑖎𑖿𑖧𑖯	𑖎𑖿𑖧𑖰	𑖎𑖿𑖧𑖱	𑖎𑖿𑖧𑖲	𑖎𑖿𑖧𑖳	𑖎𑖿𑖧𑖸	𑖎𑖿𑖧𑖹	𑖎𑖿𑖧𑖺	𑖎𑖿𑖧𑖻	𑖎𑖿𑖧𑖽	𑖎𑖿𑖧𑖾
𑖏	𑖏𑖿𑖧	𑖏𑖿𑖧𑖯	𑖏𑖿𑖧𑖰	𑖏𑖿𑖧𑖱	𑖏𑖿𑖧𑖲	𑖏𑖿𑖧𑖳	𑖏𑖿𑖧𑖸	𑖏𑖿𑖧𑖹	𑖏𑖿𑖧𑖺	𑖏𑖻	𑖏𑖿𑖧𑖽	𑖏𑖿𑖧𑖾
𑖐	𑖐𑖿𑖧	𑖐𑖿𑖧𑖯	𑖐𑖿𑖧𑖰	𑖐𑖿𑖧𑖱	𑖐𑖿𑖧𑖲	𑖐𑖿𑖧𑖳	𑖐𑖿𑖧𑖸	𑖐𑖿𑖧𑖹	𑖐𑖿𑖧𑖺	𑖐𑖿𑖧𑖻	𑖐𑖿𑖧𑖽	𑖐𑖿𑖧𑖾
𑖑	𑖑𑖿𑖧	𑖑𑖿𑖧𑖯	𑖑𑖿𑖧𑖰	𑖑𑖿𑖧𑖱	𑖑𑖿𑖧𑖲	𑖑𑖿𑖧𑖳	𑖑𑖿𑖧𑖸	𑖑𑖹	𑖑𑖿𑖧𑖺	𑖑𑖻	𑖑𑖿𑖧𑖽	𑖑𑖿𑖧𑖾
𑖒	𑖒𑖿𑖧	𑖒𑖿𑖧𑖯	𑖒𑖿𑖧𑖰	𑖒𑖿𑖧𑖱	𑖒𑖿𑖧𑖲	𑖒𑖿𑖧𑖳	𑖒𑖿𑖧𑖸	𑖒𑖿𑖧𑖹	𑖒𑖿𑖧𑖺	𑖒𑖿𑖧𑖻	𑖒𑖿𑖧𑖽	𑖒𑖿𑖧𑖾
𑖓	𑖓𑖿𑖧	𑖓𑖿𑖧𑖯	𑖓𑖿𑖧𑖰	𑖓𑖿𑖧𑖱	𑖓𑖿𑖧𑖲	𑖓𑖿𑖧𑖳	𑖓𑖿𑖧𑖸	𑖓𑖿𑖧𑖹	𑖓𑖿𑖧𑖺	𑖓𑖿𑖧𑖻	𑖓𑖿𑖧𑖽	𑖓𑖿𑖧𑖾
𑖔	𑖔𑖿𑖧	𑖔𑖿𑖧𑖯	𑖔𑖿𑖧𑖰	𑖔𑖿𑖧𑖱	𑖔𑖿𑖧𑖲	𑖔𑖿𑖧𑖳	𑖔𑖿𑖧𑖸	𑖔𑖿𑖧𑖹	𑖔𑖺	𑖔𑖿𑖧𑖻	𑖔𑖿𑖧𑖽	𑖔𑖿𑖧𑖾
𑖕	𑖕𑖿𑖧	𑖕𑖿𑖧𑖯	𑖕𑖿𑖧𑖰	𑖕𑖿𑖧𑖱	𑖕𑖿𑖧𑖲	𑖕𑖿𑖧𑖳	𑖕𑖿𑖧𑖸	𑖕𑖿𑖧𑖹	𑖕𑖿𑖧𑖺	𑖕𑖿𑖧𑖻	𑖕𑖿𑖧𑖽	𑖕𑖿𑖧𑖾
𑖖	𑖖𑖿𑖧	𑖖𑖿𑖧𑖯	𑖖𑖿𑖧𑖰	𑖖𑖿𑖧𑖱	𑖖𑖿𑖧𑖲	𑖖𑖿𑖧𑖳	𑖖𑖿𑖧𑖸	𑖖𑖿𑖧𑖹	𑖖𑖿𑖧𑖺	𑖖𑖿𑖧𑖻	𑖖𑖿𑖧𑖽	𑖖𑖿𑖧𑖾
𑖗	𑖗𑖿𑖧	𑖗𑖿𑖧𑖯	𑖗𑖿𑖧𑖰	𑖗𑖿𑖧𑖱	𑖗𑖿𑖧𑖲	𑖗𑖿𑖧𑖳	𑖗𑖸	𑖗𑖹	𑖗𑖿𑖧𑖺	𑖗𑖿𑖧𑖻	𑖗𑖿𑖧𑖽	𑖗𑖿𑖧𑖾
𑖘	𑖘𑖿𑖧	𑖘𑖿𑖧𑖯	𑖘𑖿𑖧𑖰	𑖘𑖿𑖧𑖱	𑖘𑖿𑖧𑖲	𑖘𑖿𑖧𑖳	𑖘𑖿𑖧𑖸	𑖘𑖿𑖧𑖹	𑖘𑖿𑖧𑖺	𑖘𑖿𑖧𑖻	𑖘𑖿𑖧𑖽	𑖘𑖿𑖧𑖾
𑖙	𑖙𑖿𑖧	𑖙𑖿𑖧𑖯	𑖙𑖿𑖧𑖰	𑖙𑖿𑖧𑖱	𑖙𑖿𑖧𑖲	𑖙𑖿𑖧𑖳	𑖙𑖿𑖧𑖸	𑖙𑖿𑖧𑖹	𑖙𑖿𑖧𑖺	𑖙𑖿𑖧𑖻	𑖙𑖿𑖧𑖽	𑖙𑖿𑖧𑖾
𑖚	𑖚𑖿𑖧	𑖚𑖿𑖧𑖯	𑖚𑖿𑖧𑖰	𑖚𑖿𑖧𑖱	𑖚𑖿𑖧𑖲	𑖚𑖿𑖧𑖳	𑖚𑖿𑖧𑖸	𑖚𑖿𑖧𑖹	𑖚𑖿𑖧𑖺	𑖚𑖿𑖧𑖻	𑖚𑖿𑖧𑖽	𑖚𑖿𑖧𑖾
𑖛	𑖛𑖿𑖧	𑖛𑖿𑖧𑖯	𑖛𑖿𑖧𑖰	𑖛𑖿𑖧𑖱	𑖛𑖿𑖧𑖲	𑖛𑖿𑖧𑖳	𑖛𑖿𑖧𑖸	𑖛𑖿𑖧𑖹	𑖛𑖿𑖧𑖺	𑖛𑖿𑖧𑖻	𑖛𑖿𑖧𑖽	𑖛𑖿𑖧𑖾
𑖜	𑖜𑖿𑖧	𑖜𑖿𑖧𑖯	𑖜𑖿𑖧𑖰	𑖜𑖿𑖧𑖱	𑖜𑖿𑖧𑖲	𑖜𑖿𑖧𑖳	𑖜𑖿𑖧𑖸	𑖜𑖿𑖧𑖹	𑖜𑖿𑖧𑖺	𑖜𑖿𑖧𑖻	𑖜𑖿𑖧𑖽	𑖜𑖿𑖧𑖾
𑖝	𑖝𑖿𑖧	𑖝𑖿𑖧𑖯	𑖝𑖿𑖧𑖰	𑖝𑖿𑖧𑖱	𑖝𑖿𑖧𑖲	𑖝𑖿𑖧𑖳	𑖝𑖿𑖧𑖸	𑖝𑖿𑖧𑖹	𑖝𑖿𑖧𑖺	𑖝𑖿𑖧𑖻	𑖝𑖿𑖧𑖽	𑖝𑖿𑖧𑖾
𑖞	𑖞𑖿𑖧	𑖞𑖿𑖧𑖯	𑖞𑖿𑖧𑖰	𑖞𑖿𑖧𑖱	𑖞𑖿𑖧𑖲	𑖞𑖿𑖧𑖳	𑖞𑖿𑖧𑖸	𑖞𑖿𑖧𑖹	𑖞𑖿𑖧𑖺	𑖞𑖿𑖧𑖻	𑖞𑖿𑖧𑖽	𑖞𑖿𑖧𑖾
𑖟	𑖟𑖿𑖧	𑖟𑖿𑖧𑖯	𑖟𑖿𑖧𑖰	𑖟𑖿𑖧𑖱	𑖟𑖿𑖧𑖲	𑖟𑖿𑖧𑖳	𑖟𑖿𑖧𑖸	𑖟𑖿𑖧𑖹	𑖟𑖿𑖧𑖺	𑖟𑖿𑖧𑖻	𑖟𑖿𑖧𑖽	𑖟𑖿𑖧𑖾
𑖠	𑖠𑖿𑖧	𑖠𑖿𑖧𑖯	𑖠𑖰	𑖠𑖿𑖧𑖱	𑖠𑖿𑖧𑖲	𑖠𑖿𑖧𑖳	𑖠𑖿𑖧𑖸	𑖠𑖿𑖧𑖹	𑖠𑖿𑖧𑖺	𑖠𑖿𑖧𑖻	𑖠𑖿𑖧𑖽	𑖠𑖿𑖧𑖾
𑖡	𑖡𑖿𑖧	𑖡𑖿𑖧𑖯	𑖡𑖿𑖧𑖰	𑖡𑖿𑖧𑖱	𑖡𑖿𑖧𑖲	𑖡𑖿𑖧𑖳	𑖡𑖿𑖧𑖸	𑖡𑖿𑖧𑖹	𑖡𑖿𑖧𑖺	𑖡𑖿𑖧𑖻	𑖡𑖿𑖧𑖽	𑖡𑖿𑖧𑖾
𑖢	𑖢𑖿𑖧	𑖢𑖿𑖧𑖯	𑖢𑖿𑖧𑖰	𑖢𑖿𑖧𑖱	𑖢𑖿𑖧𑖲	𑖢𑖿𑖧𑖳	𑖢𑖿𑖧𑖸	𑖢𑖿𑖧𑖹	𑖢𑖿𑖧𑖺	𑖢𑖿𑖧𑖻	𑖢𑖿𑖧𑖽	𑖢𑖿𑖧𑖾
𑖣	𑖣𑖿𑖧	𑖣𑖿𑖧𑖯	𑖣𑖿𑖧𑖰	𑖣𑖿𑖧𑖱	𑖣𑖿𑖧𑖲	𑖣𑖿𑖧𑖳	𑖣𑖿𑖧𑖸	𑖣𑖿𑖧𑖹	𑖣𑖿𑖧𑖺	𑖣𑖿𑖧𑖻	𑖣𑖿𑖧𑖽	𑖣𑖿𑖧𑖾
𑖤	𑖤𑖿𑖧	𑖤𑖿𑖧𑖯	𑖤𑖿𑖧𑖰	𑖤𑖿𑖧𑖱	𑖤𑖿𑖧𑖲	𑖤𑖿𑖧𑖳	𑖤𑖿𑖧𑖸	𑖤𑖿𑖧𑖹	𑖤𑖿𑖧𑖺	𑖤𑖿𑖧𑖻	𑖤𑖿𑖧𑖽	𑖤𑖿𑖧𑖾
𑖥	𑖥𑖿𑖧	𑖥𑖿𑖧𑖯	𑖥𑖿𑖧𑖰	𑖥𑖿𑖧𑖱	𑖥𑖿𑖧𑖲	𑖥𑖿𑖧𑖳	𑖥𑖿𑖧𑖸	𑖥𑖿𑖧𑖹	𑖥𑖿𑖧𑖺	𑖥𑖿𑖧𑖻	𑖥𑖿𑖧𑖽	𑖥𑖿𑖧𑖾
𑖦	𑖦𑖿𑖧	𑖦𑖿𑖧𑖯	𑖦𑖿𑖧𑖰	𑖦𑖿𑖧𑖱	𑖦𑖿𑖧𑖲	𑖦𑖿𑖧𑖳	𑖦𑖿𑖧𑖸	𑖦𑖿𑖧𑖹	𑖦𑖿𑖧𑖺	𑖦𑖿𑖧𑖻	𑖦𑖿𑖧𑖽	𑖦𑖿𑖧𑖾
𑖧	当体重，本章不生字，剔除											
𑖨	归入第八章，本章不生字，剔除											
𑖩	𑖩𑖿𑖧	𑖩𑖿𑖧𑖯	𑖩𑖿𑖧𑖰	𑖩𑖿𑖧𑖱	𑖩𑖿𑖧𑖲	𑖩𑖿𑖧𑖳	𑖩𑖿𑖧𑖸	𑖩𑖿𑖧𑖹	𑖩𑖿𑖧𑖺	𑖩𑖿𑖧𑖻	𑖩𑖿𑖧𑖽	𑖩𑖿𑖧𑖾
𑖪	𑖪𑖿𑖧	𑖪𑖿𑖧𑖯	𑖪𑖿𑖧𑖰	𑖪𑖿𑖧𑖱	𑖪𑖿𑖧𑖲	𑖪𑖿𑖧𑖳	𑖪𑖿𑖧𑖸	𑖪𑖿𑖧𑖹	𑖪𑖿𑖧𑖺	𑖪𑖿𑖧𑖻	𑖪𑖿𑖧𑖽	𑖪𑖿𑖧𑖾
𑖫	𑖫𑖿𑖧	𑖫𑖿𑖧𑖯	𑖫𑖿𑖧𑖰	𑖫𑖿𑖧𑖱	𑖫𑖿𑖧𑖲	𑖫𑖿𑖧𑖳	𑖫𑖿𑖧𑖸	𑖫𑖿𑖧𑖹	𑖫𑖿𑖧𑖺	𑖫𑖿𑖧𑖻	𑖫𑖿𑖧𑖽	𑖫𑖿𑖧𑖾

续表

生字体文序列	第二章衍生字											
𑖬	[illegible]	[illegible]	[illegible]	[illegible]	[illegible]	[illegible]	[illegible]	[illegible]	[illegible]	[illegible]	[illegible]	[illegible]
𑖭	[illegible]	[illegible]	[illegible]	[illegible]	[illegible]	[illegible]	[illegible]	[illegible]	[illegible]	[illegible]	[illegible]	[illegible]
𑖮	[illegible]	[illegible]	[illegible]	[illegible]	[illegible]	[illegible]	[illegible]	[illegible]	[illegible]	[illegible]	[illegible]	[illegible]
𑖩𑖿𑖩𑖽	全不生字											
𑖎𑖿𑖬	[illegible]	[illegible]	[illegible]	[illegible]	[illegible]	[illegible]	[illegible]	[illegible]	[illegible]	[illegible]	[illegible]	[illegible]

15. 连带：连起来。第一个体文𑖎的声和第二个体文𑖧的声要连起来，即第一个体文字母只呼声，而不能带出𑖀韵；然后不停顿，接着呼出下一个体文字母的声。整个字应读成 kya，而不能读成 ka-ya。

第三章

【原文】

𑖎𑖿𑖧[1]迦上略上、𑖎𑖿𑖧𑖯迦平略平、𑖎𑖿𑖧𑖰己里、𑖎𑖿𑖧𑖱机厘、𑖎𑖿𑖧𑖲[2]苟溇、𑖎𑖿𑖧𑖳[3]钩娄吕钩反。[4]余同上[5]。

【译文】

第三章以𑖧下接于各体文字母作为本章字的基本形体架构。以第一个体文字母𑖎为例，下接𑖧再呼十二韵衍生出以下梵字：𑖎𑖿𑖧迦上略上、𑖎𑖿𑖧𑖯迦平略平、𑖎𑖿𑖧𑖰己里、𑖎𑖿𑖧𑖱机厘、𑖎𑖿𑖧𑖲苟溇、𑖎𑖿𑖧𑖳钩娄吕钩反，等等。其他体文生字也按照这个规律。

【注解】

1. 𑖎𑖿𑖨：𑖎下接𑖨生成的复合体文。𑖿𑖨是𑖨的下半体。

2. 𑖎𑖿𑖨𑖲：◌𑖲是𑖄的摩多点画。

3. 𑖎𑖿𑖨𑖳：◌𑖳是𑖅的摩多点画。

4. 这几个字发音的拉丁字母注音如下：𑖎𑖿𑖨（kra）、𑖎𑖿𑖨𑖯（krā）、𑖎𑖿𑖨𑖰（kri）、𑖎𑖿𑖨𑖱（krī）、𑖎𑖿𑖨𑖲（kru）、𑖎𑖿𑖨𑖳（krū）。

5. 余同上：其余体文也按照上述办法生字。仿照范字的生字规律，第三章全章总共生成三百九十六字（见表 13）。

表 13　悉昙第三章三百九十六字

生字体文序列	第三章衍生字											
𑖎	𑖎𑖿𑖨	𑖎𑖿𑖨𑖯	𑖎𑖿𑖨𑖰	𑖎𑖿𑖨𑖱	𑖎𑖿𑖨𑖲	𑖎𑖿𑖨𑖳	𑖎𑖿𑖨𑖸	𑖎𑖿𑖨𑖹	𑖎𑖿𑖨𑖺	𑖎𑖿𑖨𑖻	𑖎𑖿𑖨𑖽	𑖎𑖿𑖨𑖾
𑖏	𑖏𑖿𑖨	𑖏𑖿𑖨𑖯	𑖏𑖿𑖨𑖰	𑖏𑖿𑖨𑖱	𑖏𑖿𑖨𑖲	𑖏𑖿𑖨𑖳	𑖏𑖿𑖨𑖸	𑖏𑖿𑖨𑖹	𑖏𑖿𑖨𑖺	𑖏𑖿𑖨𑖻	𑖏𑖿𑖨𑖽	𑖏𑖿𑖨𑖾
𑖐	𑖐𑖿𑖨	𑖐𑖿𑖨𑖯	𑖐𑖿𑖨𑖰	𑖐𑖿𑖨𑖱	𑖐𑖿𑖨𑖲	𑖐𑖿𑖨𑖳	𑖐𑖿𑖨𑖸	𑖐𑖿𑖨𑖹	𑖐𑖿𑖨𑖺	𑖐𑖿𑖨𑖻	𑖐𑖿𑖨𑖽	𑖐𑖿𑖨𑖾
𑖑	𑖑𑖿𑖨	𑖑𑖿𑖨𑖯	𑖑𑖿𑖨𑖰	𑖑𑖿𑖨𑖱	𑖑𑖿𑖨𑖲	𑖑𑖿𑖨𑖳	𑖑𑖿𑖨𑖸	𑖑𑖿𑖨𑖹	𑖑𑖿𑖨𑖺	𑖑𑖿𑖨𑖻	𑖑𑖿𑖨𑖽	𑖑𑖿𑖨𑖾
𑖒	𑖒𑖿𑖨	𑖒𑖿𑖨𑖯	𑖒𑖿𑖨𑖰	𑖒𑖿𑖨𑖱	𑖒𑖿𑖨𑖲	𑖒𑖿𑖨𑖳	𑖒𑖿𑖨𑖸	𑖒𑖿𑖨𑖹	𑖒𑖿𑖨𑖺	𑖒𑖿𑖨𑖻	𑖒𑖿𑖨𑖽	𑖒𑖿𑖨𑖾
𑖓	𑖓𑖿𑖨	𑖓𑖿𑖨𑖯	𑖓𑖿𑖨𑖰	𑖓𑖿𑖨𑖱	𑖓𑖿𑖨𑖲	𑖓𑖿𑖨𑖳	𑖓𑖿𑖨𑖸	𑖓𑖿𑖨𑖹	𑖓𑖿𑖨𑖺	𑖓𑖿𑖨𑖻	𑖓𑖿𑖨𑖽	𑖓𑖿𑖨𑖾
𑖔	𑖔𑖿𑖨	𑖔𑖿𑖨𑖯	𑖔𑖿𑖨𑖰	𑖔𑖿𑖨𑖱	𑖔𑖿𑖨𑖲	𑖔𑖿𑖨𑖳	𑖔𑖿𑖨𑖸	𑖔𑖿𑖨𑖹	𑖔𑖿𑖨𑖺	𑖔𑖿𑖨𑖻	𑖔𑖿𑖨𑖽	𑖔𑖿𑖨𑖾
𑖕	𑖕𑖿𑖨	𑖕𑖿𑖨𑖯	𑖕𑖿𑖨𑖰	𑖕𑖿𑖨𑖱	𑖕𑖿𑖨𑖲	𑖕𑖿𑖨𑖳	𑖕𑖿𑖨𑖸	𑖕𑖿𑖨𑖹	𑖕𑖿𑖨𑖺	𑖕𑖿𑖨𑖻	𑖕𑖿𑖨𑖽	𑖕𑖿𑖨𑖾
𑖖	𑖖𑖿𑖨	𑖖𑖿𑖨𑖯	𑖖𑖿𑖨𑖰	𑖖𑖿𑖨𑖱	𑖖𑖿𑖨𑖲	𑖖𑖿𑖨𑖳	𑖖𑖿𑖨𑖸	𑖖𑖿𑖨𑖹	𑖖𑖿𑖨𑖺	𑖖𑖿𑖨𑖻	𑖖𑖿𑖨𑖽	𑖖𑖿𑖨𑖾
𑖗	𑖗𑖿𑖨	𑖗𑖿𑖨𑖯	𑖗𑖿𑖨𑖰	𑖗𑖿𑖨𑖱	𑖗𑖿𑖨𑖲	𑖗𑖿𑖨𑖳	𑖗𑖿𑖨𑖸	𑖗𑖿𑖨𑖹	𑖗𑖿𑖨𑖺	𑖗𑖿𑖨𑖻	𑖗𑖿𑖨𑖽	𑖗𑖿𑖨𑖾
𑖘	𑖘𑖿𑖨	𑖘𑖿𑖨𑖯	𑖘𑖿𑖨𑖰	𑖘𑖿𑖨𑖱	𑖘𑖿𑖨𑖲	𑖘𑖿𑖨𑖳	𑖘𑖿𑖨𑖸	𑖘𑖿𑖨𑖹	𑖘𑖿𑖨𑖺	𑖘𑖿𑖨𑖻	𑖘𑖿𑖨𑖽	𑖘𑖿𑖨𑖾
𑖙	𑖙𑖿𑖨	𑖙𑖿𑖨𑖯	𑖙𑖿𑖨𑖰	𑖙𑖿𑖨𑖱	𑖙𑖿𑖨𑖲	𑖙𑖿𑖨𑖳	𑖙𑖿𑖨𑖸	𑖙𑖿𑖨𑖹	𑖙𑖿𑖨𑖺	𑖙𑖿𑖨𑖻	𑖙𑖿𑖨𑖽	𑖙𑖿𑖨𑖾
𑖚	𑖚𑖿𑖨	𑖚𑖿𑖨𑖯	𑖚𑖿𑖨𑖰	𑖚𑖿𑖨𑖱	𑖚𑖿𑖨𑖲	𑖚𑖿𑖨𑖳	𑖚𑖿𑖨𑖸	𑖚𑖿𑖨𑖹	𑖚𑖿𑖨𑖺	𑖚𑖿𑖨𑖻	𑖚𑖿𑖨𑖽	𑖚𑖿𑖨𑖾

续表

生字体文序列	第三章衍生字											
[illegible]	[illegible]	[illegible]	[illegible]	[illegible]	[illegible]	[illegible]	[illegible]	[illegible]	[illegible]	[illegible]	[illegible]	[illegible]
[illegible]	[illegible]	[illegible]	[illegible]	[illegible]	[illegible]	[illegible]	[illegible]	[illegible]	[illegible]	[illegible]	[illegible]	[illegible]
[illegible]	[illegible]	[illegible]	[illegible]	[illegible]	[illegible]	[illegible]	[illegible]	[illegible]	[illegible]	[illegible]	[illegible]	[illegible]
[illegible]	[illegible]	[illegible]	[illegible]	[illegible]	[illegible]	[illegible]	[illegible]	[illegible]	[illegible]	[illegible]	[illegible]	[illegible]
[illegible]	[illegible]	[illegible]	[illegible]	[illegible]	[illegible]	[illegible]	[illegible]	[illegible]	[illegible]	[illegible]	[illegible]	[illegible]
[illegible]	[illegible]	[illegible]	[illegible]	[illegible]	[illegible]	[illegible]	[illegible]	[illegible]	[illegible]	[illegible]	[illegible]	[illegible]
[illegible]	[illegible]	[illegible]	[illegible]	[illegible]	[illegible]	[illegible]	[illegible]	[illegible]	[illegible]	[illegible]	[illegible]	[illegible]
[illegible]	[illegible]	[illegible]	[illegible]	[illegible]	[illegible]	[illegible]	[illegible]	[illegible]	[illegible]	[illegible]	[illegible]	[illegible]
[illegible]	[illegible]	[illegible]	[illegible]	[illegible]	[illegible]	[illegible]	[illegible]	[illegible]	[illegible]	[illegible]	[illegible]	[illegible]
[illegible]	[illegible]	[illegible]	[illegible]	[illegible]	[illegible]	[illegible]	[illegible]	[illegible]	[illegible]	[illegible]	[illegible]	[illegible]
[illegible]	[illegible]	[illegible]	[illegible]	[illegible]	[illegible]	[illegible]	[illegible]	[illegible]	[illegible]	[illegible]	[illegible]	[illegible]
[illegible]	[illegible]	[illegible]	[illegible]	[illegible]	[illegible]	[illegible]	[illegible]	[illegible]	[illegible]	[illegible]	[illegible]	[illegible]
[illegible]	[illegible]	[illegible]	[illegible]	[illegible]	[illegible]	[illegible]	[illegible]	[illegible]	[illegible]	[illegible]	[illegible]	[illegible]
[illegible]	当体重，剔除											
[illegible]	[illegible]	[illegible]	[illegible]	[illegible]	[illegible]	[illegible]	[illegible]	[illegible]	[illegible]	[illegible]	[illegible]	[illegible]
[illegible]	[illegible]	[illegible]	[illegible]	[illegible]	[illegible]	[illegible]	[illegible]	[illegible]	[illegible]	[illegible]	[illegible]	[illegible]
[illegible]	[illegible]	[illegible]	[illegible]	[illegible]	[illegible]	[illegible]	[illegible]	[illegible]	[illegible]	[illegible]	[illegible]	[illegible]
[illegible]	[illegible]	[illegible]	[illegible]	[illegible]	[illegible]	[illegible]	[illegible]	[illegible]	[illegible]	[illegible]	[illegible]	[illegible]
[illegible]	[illegible]	[illegible]	[illegible]	[illegible]	[illegible]	[illegible]	[illegible]	[illegible]	[illegible]	[illegible]	[illegible]	[illegible]
[illegible]	[illegible]	[illegible]	[illegible]	[illegible]	[illegible]	[illegible]	[illegible]	[illegible]	[illegible]	[illegible]	[illegible]	[illegible]
[illegible]	全不生字，剔除											
[illegible]	[illegible]	[illegible]	[illegible]	[illegible]	[illegible]	[illegible]	[illegible]	[illegible]	[illegible]	[illegible]	[illegible]	[illegible]

第四章

【原文】

[illegible][1]迦攞上、[illegible]迦攞平。[2]

【译文】

第四章以𑖩下接于各体文字母的下面构成该章各字的主要形体架构。以𑖎为例，下接𑖩生成复合体文𑖎𑖿𑖩，以𑖎𑖿𑖩呼十二韵，便衍生出𑖎𑖿𑖩迦攞上、𑖎𑖿𑖩𑖯迦攞平等十二个字。

【注解】

1．𑖎𑖿𑖩：以𑖩的下半体[illegible]下接于𑖎的上半体[illegible]生成的字。

2．这两个字发音的拉丁字母注音如下：𑖎𑖿𑖩(kla)、𑖎𑖿𑖩𑖯（klā），这两个字是生字体文序列的第一个体文𑖎衍生出的头两个悉昙字；第四章总共衍生三百八十四个字（见表 14）。

表 14　悉昙第四章三百八十四字

生字体文序列	第四章衍生字											
𑖎	𑖎𑖿𑖩	𑖎𑖿𑖩𑖯	𑖎𑖿𑖩𑖰	𑖎𑖿𑖩𑖱	𑖎𑖿𑖩𑖲	𑖎𑖿𑖩𑖳	𑖎𑖿𑖩𑖸	𑖎𑖿𑖩𑖹	𑖎𑖿𑖩𑖺	𑖎𑖿𑖩𑖻	𑖎𑖿𑖩𑖽	𑖎𑖿𑖩𑖾
𑖏	𑖏𑖿𑖩	𑖏𑖿𑖩𑖯	𑖏𑖿𑖩𑖰	𑖏𑖿𑖩𑖱	𑖏𑖿𑖩𑖲	𑖏𑖿𑖩𑖳	𑖏𑖿𑖩𑖸	𑖏𑖿𑖩𑖹	𑖏𑖿𑖩𑖺	𑖏𑖿𑖩𑖻	𑖏𑖿𑖩𑖽	𑖏𑖿𑖩𑖾
𑖐	𑖐𑖿𑖩	𑖐𑖿𑖩𑖯	𑖐𑖿𑖩𑖰	𑖐𑖿𑖩𑖱	𑖐𑖿𑖩𑖲	𑖐𑖿𑖩𑖳	𑖐𑖿𑖩𑖸	𑖐𑖿𑖩𑖹	𑖐𑖿𑖩𑖺	𑖐𑖿𑖩𑖻	𑖐𑖿𑖩𑖽	𑖐𑖿𑖩𑖾
𑖑	𑖑𑖿𑖩	𑖑𑖿𑖩𑖯	𑖑𑖿𑖩𑖰	𑖑𑖿𑖩𑖱	𑖑𑖿𑖩𑖲	𑖑𑖿𑖩𑖳	𑖑𑖿𑖩𑖸	𑖑𑖿𑖩𑖹	𑖑𑖿𑖩𑖺	𑖑𑖿𑖩𑖻	𑖑𑖿𑖩𑖽	𑖑𑖿𑖩𑖾
𑖒	𑖒𑖿𑖩	𑖒𑖿𑖩𑖯	𑖒𑖿𑖩𑖰	𑖒𑖿𑖩𑖱	𑖒𑖿𑖩𑖲	𑖒𑖿𑖩𑖳	𑖒𑖿𑖩𑖸	𑖒𑖿𑖩𑖹	𑖒𑖿𑖩𑖺	𑖒𑖿𑖩𑖻	𑖒𑖿𑖩𑖽	𑖒𑖿𑖩𑖾
𑖓	𑖓𑖿𑖩	𑖓𑖿𑖩𑖯	𑖓𑖿𑖩𑖰	𑖓𑖿𑖩𑖱	𑖓𑖿𑖩𑖲	𑖓𑖿𑖩𑖳	𑖓𑖿𑖩𑖸	𑖓𑖿𑖩𑖹	𑖓𑖿𑖩𑖺	𑖓𑖿𑖩𑖻	𑖓𑖿𑖩𑖽	𑖓𑖿𑖩𑖾
𑖔	𑖔𑖿𑖩	𑖔𑖿𑖩𑖯	𑖔𑖿𑖩𑖰	𑖔𑖿𑖩𑖱	𑖔𑖿𑖩𑖲	𑖔𑖿𑖩𑖳	𑖔𑖿𑖩𑖸	𑖔𑖿𑖩𑖹	𑖔𑖿𑖩𑖺	𑖔𑖿𑖩𑖻	𑖔𑖿𑖩𑖽	𑖔𑖿𑖩𑖾
𑖕	𑖕𑖿𑖩	𑖕𑖿𑖩𑖯	𑖕𑖿𑖩𑖰	𑖕𑖿𑖩𑖱	𑖕𑖿𑖩𑖲	𑖕𑖿𑖩𑖳	𑖕𑖿𑖩𑖸	𑖕𑖿𑖩𑖹	𑖕𑖿𑖩𑖺	𑖕𑖿𑖩𑖻	𑖕𑖿𑖩𑖽	𑖕𑖿𑖩𑖾
𑖖	𑖖𑖿𑖩	𑖖𑖿𑖩𑖯	𑖖𑖿𑖩𑖰	𑖖𑖿𑖩𑖱	𑖖𑖿𑖩𑖲	𑖖𑖿𑖩𑖳	𑖖𑖿𑖩𑖸	𑖖𑖿𑖩𑖹	𑖖𑖿𑖩𑖺	𑖖𑖿𑖩𑖻	𑖖𑖿𑖩𑖽	𑖖𑖿𑖩𑖾
𑖗	𑖗𑖿𑖩	𑖗𑖿𑖩𑖯	𑖗𑖿𑖩𑖰	𑖗𑖿𑖩𑖱	𑖗𑖿𑖩𑖲	𑖗𑖿𑖩𑖳	𑖗𑖿𑖩𑖸	𑖗𑖿𑖩𑖹	𑖗𑖿𑖩𑖺	𑖗𑖿𑖩𑖻	𑖗𑖿𑖩𑖽	𑖗𑖿𑖩𑖾
𑖘	𑖘𑖿𑖩	𑖘𑖿𑖩𑖯	𑖘𑖿𑖩𑖰	𑖘𑖿𑖩𑖱	𑖘𑖿𑖩𑖲	𑖘𑖿𑖩𑖳	𑖘𑖿𑖩𑖸	𑖘𑖿𑖩𑖹	𑖘𑖿𑖩𑖺	𑖘𑖿𑖩𑖻	𑖘𑖿𑖩𑖽	𑖘𑖿𑖩𑖾

续表

生字体文序列	第四章衍生字											
𑖙	𑖙𑖿𑖩	𑖙𑖿𑖩𑖯	𑖙𑖿𑖩𑖰	𑖙𑖿𑖩𑖱	𑖙𑖿𑖩𑖲	𑖙𑖿𑖩𑖳	𑖙𑖿𑖩𑖸	𑖙𑖿𑖩𑖹	𑖙𑖿𑖩𑖺	𑖙𑖿𑖩𑖻	𑖙𑖿𑖩𑖽	𑖙𑖿𑖩𑖾
𑖚	𑖚𑖿𑖩	𑖚𑖿𑖩𑖯	𑖚𑖿𑖩𑖰	𑖚𑖿𑖩𑖱	𑖚𑖿𑖩𑖲	𑖚𑖿𑖩𑖳	𑖚𑖿𑖩𑖸	𑖚𑖿𑖩𑖹	𑖚𑖿𑖩𑖺	𑖚𑖿𑖩𑖻	𑖚𑖿𑖩𑖽	𑖚𑖿𑖩𑖾
𑖛	𑖛𑖿𑖩	𑖛𑖿𑖩𑖯	𑖛𑖿𑖩𑖰	𑖛𑖿𑖩𑖱	𑖛𑖿𑖩𑖲	𑖛𑖿𑖩𑖳	𑖛𑖿𑖩𑖸	𑖛𑖿𑖩𑖹	𑖛𑖿𑖩𑖺	𑖛𑖿𑖩𑖻	𑖛𑖿𑖩𑖽	𑖛𑖿𑖩𑖾
𑖜	𑖜𑖿𑖩	𑖜𑖿𑖩𑖯	𑖜𑖿𑖩𑖰	𑖜𑖿𑖩𑖱	𑖜𑖿𑖩𑖲	𑖜𑖿𑖩𑖳	𑖜𑖿𑖩𑖸	𑖜𑖿𑖩𑖹	𑖜𑖿𑖩𑖺	𑖜𑖿𑖩𑖻	𑖜𑖿𑖩𑖽	𑖜𑖿𑖩𑖾
𑖝	𑖝𑖿𑖩	𑖝𑖿𑖩𑖯	𑖝𑖿𑖩𑖰	𑖝𑖿𑖩𑖱	𑖝𑖿𑖩𑖲	𑖝𑖿𑖩𑖳	𑖝𑖿𑖩𑖸	𑖝𑖿𑖩𑖹	𑖝𑖿𑖩𑖺	𑖝𑖿𑖩𑖻	𑖝𑖿𑖩𑖽	𑖝𑖿𑖩𑖾
𑖞	𑖞𑖿𑖩	𑖞𑖿𑖩𑖯	𑖞𑖿𑖩𑖰	𑖞𑖿𑖩𑖱	𑖞𑖿𑖩𑖲	𑖞𑖿𑖩𑖳	𑖞𑖿𑖩𑖸	𑖞𑖿𑖩𑖹	𑖞𑖿𑖩𑖺	𑖞𑖿𑖩𑖻	𑖞𑖿𑖩𑖽	𑖞𑖿𑖩𑖾
𑖟	𑖟𑖿𑖩	𑖟𑖿𑖩𑖯	𑖟𑖿𑖩𑖰	𑖟𑖿𑖩𑖱	𑖟𑖿𑖩𑖲	𑖟𑖿𑖩𑖳	𑖟𑖿𑖩𑖸	𑖟𑖿𑖩𑖹	𑖟𑖿𑖩𑖺	𑖟𑖿𑖩𑖻	𑖟𑖿𑖩𑖽	𑖟𑖿𑖩𑖾
𑖠	𑖠𑖿𑖩	𑖠𑖿𑖩𑖯	𑖠𑖿𑖩𑖰	𑖠𑖿𑖩𑖱	𑖠𑖿𑖩𑖲	𑖠𑖿𑖩𑖳	𑖠𑖿𑖩𑖸	𑖠𑖿𑖩𑖹	𑖠𑖿𑖩𑖺	𑖠𑖿𑖩𑖻	𑖠𑖿𑖩𑖽	𑖠𑖿𑖩𑖾
𑖡	𑖡𑖿𑖩	𑖡𑖿𑖩𑖯	𑖡𑖿𑖩𑖰	𑖡𑖿𑖩𑖱	𑖡𑖿𑖩𑖲	𑖡𑖿𑖩𑖳	𑖡𑖿𑖩𑖸	𑖡𑖿𑖩𑖹	𑖡𑖿𑖩𑖺	𑖡𑖿𑖩𑖻	𑖡𑖿𑖩𑖽	𑖡𑖿𑖩𑖾
𑖢	𑖢𑖿𑖩	𑖢𑖿𑖩𑖯	𑖢𑖿𑖩𑖰	𑖢𑖿𑖩𑖱	𑖢𑖿𑖩𑖲	𑖢𑖿𑖩𑖳	𑖢𑖿𑖩𑖸	𑖢𑖿𑖩𑖹	𑖢𑖿𑖩𑖺	𑖢𑖿𑖩𑖻	𑖢𑖿𑖩𑖽	𑖢𑖿𑖩𑖾
𑖣	𑖣𑖿𑖩	𑖣𑖿𑖩𑖯	𑖣𑖿𑖩𑖰	𑖣𑖿𑖩𑖱	𑖣𑖿𑖩𑖲	𑖣𑖿𑖩𑖳	𑖣𑖿𑖩𑖸	𑖣𑖿𑖩𑖹	𑖣𑖿𑖩𑖺	𑖣𑖿𑖩𑖻	𑖣𑖿𑖩𑖽	𑖣𑖿𑖩𑖾
𑖤	𑖤𑖿𑖩	𑖤𑖿𑖩𑖯	𑖤𑖿𑖩𑖰	𑖤𑖿𑖩𑖱	𑖤𑖿𑖩𑖲	𑖤𑖿𑖩𑖳	𑖤𑖿𑖩𑖸	𑖤𑖿𑖩𑖹	𑖤𑖿𑖩𑖺	𑖤𑖿𑖩𑖻	𑖤𑖿𑖩𑖽	𑖤𑖿𑖩𑖾
𑖥	𑖥𑖿𑖩	𑖥𑖿𑖩𑖯	𑖥𑖿𑖩𑖰	𑖥𑖿𑖩𑖱	𑖥𑖿𑖩𑖲	𑖥𑖿𑖩𑖳	𑖥𑖿𑖩𑖸	𑖥𑖿𑖩𑖹	𑖥𑖿𑖩𑖺	𑖥𑖿𑖩𑖻	𑖥𑖿𑖩𑖽	𑖥𑖿𑖩𑖾
𑖦	𑖦𑖿𑖩	𑖦𑖿𑖩𑖯	𑖦𑖿𑖩𑖰	𑖦𑖿𑖩𑖱	𑖦𑖿𑖩𑖲	𑖦𑖿𑖩𑖳	𑖦𑖿𑖩𑖸	𑖦𑖿𑖩𑖹	𑖦𑖿𑖩𑖺	𑖦𑖿𑖩𑖻	𑖦𑖿𑖩𑖽	𑖦𑖿𑖩𑖾
𑖧	𑖧𑖿𑖩	𑖧𑖿𑖩𑖯	𑖧𑖿𑖩𑖰	𑖧𑖿𑖩𑖱	𑖧𑖿𑖩𑖲	𑖧𑖿𑖩𑖳	𑖧𑖿𑖩𑖸	𑖧𑖿𑖩𑖹	𑖧𑖿𑖩𑖺	𑖧𑖿𑖩𑖻	𑖧𑖿𑖩𑖽	𑖧𑖿𑖩𑖾
𑖨	归入第八章，本章剔除											
𑖩	当体重，剔除											
𑖪	𑖪𑖿𑖩	𑖪𑖿𑖩𑖯	𑖪𑖿𑖩𑖰	𑖪𑖿𑖩𑖱	𑖪𑖿𑖩𑖲	𑖪𑖿𑖩𑖳	𑖪𑖿𑖩𑖸	𑖪𑖿𑖩𑖹	𑖪𑖿𑖩𑖺	𑖪𑖿𑖩𑖻	𑖪𑖿𑖩𑖽	𑖪𑖿𑖩𑖾
𑖫	𑖫𑖿𑖩	𑖫𑖿𑖩𑖯	𑖫𑖿𑖩𑖰	𑖫𑖿𑖩𑖱	𑖫𑖿𑖩𑖲	𑖫𑖿𑖩𑖳	𑖫𑖿𑖩𑖸	𑖫𑖿𑖩𑖹	𑖫𑖿𑖩𑖺	𑖫𑖿𑖩𑖻	𑖫𑖿𑖩𑖽	𑖫𑖿𑖩𑖾
𑖬	𑖬𑖿𑖩	𑖬𑖿𑖩𑖯	𑖬𑖿𑖩𑖰	𑖬𑖿𑖩𑖱	𑖬𑖿𑖩𑖲	𑖬𑖿𑖩𑖳	𑖬𑖿𑖩𑖸	𑖬𑖿𑖩𑖹	𑖬𑖿𑖩𑖺	𑖬𑖿𑖩𑖻	𑖬𑖿𑖩𑖽	𑖬𑖿𑖩𑖾
𑖭	𑖭𑖿𑖩	𑖭𑖿𑖩𑖯	𑖭𑖿𑖩𑖰	𑖭𑖿𑖩𑖱	𑖭𑖿𑖩𑖲	𑖭𑖿𑖩𑖳	𑖭𑖿𑖩𑖸	𑖭𑖿𑖩𑖹	𑖭𑖿𑖩𑖺	𑖭𑖿𑖩𑖻	𑖭𑖿𑖩𑖽	𑖭𑖿𑖩𑖾
𑖮	𑖮𑖿𑖩	𑖮𑖿𑖩𑖯	𑖮𑖿𑖩𑖰	𑖮𑖿𑖩𑖱	𑖮𑖿𑖩𑖲	𑖮𑖿𑖩𑖳	𑖮𑖿𑖩𑖸	𑖮𑖿𑖩𑖹	𑖮𑖿𑖩𑖺	𑖮𑖿𑖩𑖻	𑖮𑖿𑖩𑖽	𑖮𑖿𑖩𑖾
𑖩𑖿𑖩𑖽	全不生字，剔除											
𑖎𑖿𑖬	𑖎𑖿𑖬𑖿𑖩	𑖎𑖿𑖬𑖿𑖩𑖯	𑖎𑖿𑖬𑖿𑖩𑖰	𑖎𑖿𑖬𑖿𑖩𑖱	𑖎𑖿𑖬𑖿𑖩𑖲	𑖎𑖿𑖬𑖿𑖩𑖳	𑖎𑖿𑖬𑖿𑖩𑖸	𑖎𑖿𑖬𑖿𑖩𑖹	𑖎𑖿𑖬𑖿𑖩𑖺	𑖎𑖿𑖬𑖿𑖩𑖻	𑖎𑖿𑖬𑖿𑖩𑖽	𑖎𑖿𑖬𑖿𑖩𑖾

第五章

【原文】

𑖎𑖿𑖪[1]迦嚩上、𑖎𑖿𑖪𑖯迦嚩平。[2]

【译文】

第五章以𑖪下接于各体文字母的下面构成该章各字主要形体架构，以𑖎为例，𑖎下接𑖪生成复合体文𑖎𑖿𑖪，以𑖎𑖿𑖪呼十二韵，生成的头两个悉昙梵字为：𑖎𑖿𑖪迦嚩上、𑖎𑖿𑖪𑖯迦嚩平。

【注解】

1．𑖎𑖿𑖪：𑖿𑖪是𑖪的下半体。

2．这两个字发音的拉丁字母注音如下：𑖎𑖿𑖪（kva）、𑖎𑖿𑖪𑖯（kvā），这两个字是第五章的生字体文序列中第一个体文𑖎衍生出的头两个悉昙梵字；第五章总共衍生出三百八十四个梵字（见表15）。

表15　悉昙第五章三百八十四字

生字体文序列	第五章衍生字											
𑖎	𑖎𑖿𑖪	𑖎𑖿𑖪𑖯	𑖎𑖿𑖪𑖰	𑖎𑖿𑖪𑖱	𑖎𑖿𑖪𑖲	𑖎𑖿𑖪𑖳	𑖎𑖿𑖪𑖸	𑖎𑖿𑖪𑖹	𑖎𑖿𑖪𑖺	𑖎𑖿𑖪𑖻	𑖎𑖿𑖪𑖽	𑖎𑖿𑖪𑖾
𑖏	𑖏𑖿𑖪	𑖏𑖿𑖪𑖯	𑖏𑖿𑖪𑖰	𑖏𑖿𑖪𑖱	𑖏𑖿𑖪𑖲	𑖏𑖿𑖪𑖳	𑖏𑖿𑖪𑖸	𑖏𑖿𑖪𑖹	𑖏𑖿𑖪𑖺	𑖏𑖿𑖪𑖻	𑖏𑖿𑖪𑖽	𑖏𑖿𑖪𑖾
𑖐	𑖐𑖿𑖪	𑖐𑖿𑖪𑖯	𑖐𑖿𑖪𑖰	𑖐𑖿𑖪𑖱	𑖐𑖿𑖪𑖲	𑖐𑖿𑖪𑖳	𑖐𑖿𑖪𑖸	𑖐𑖿𑖪𑖹	𑖐𑖿𑖪𑖺	𑖐𑖿𑖪𑖻	𑖐𑖿𑖪𑖽	𑖐𑖿𑖪𑖾
𑖑	𑖑𑖿𑖪	𑖑𑖿𑖪𑖯	𑖑𑖿𑖪𑖰	𑖑𑖿𑖪𑖱	𑖑𑖿𑖪𑖲	𑖑𑖿𑖪𑖳	𑖑𑖿𑖪𑖸	𑖑𑖿𑖪𑖹	𑖑𑖿𑖪𑖺	𑖑𑖿𑖪𑖻	𑖑𑖿𑖪𑖽	𑖑𑖿𑖪𑖾
𑖒	𑖒𑖿𑖪	𑖒𑖿𑖪𑖯	𑖒𑖿𑖪𑖰	𑖒𑖿𑖪𑖱	𑖒𑖿𑖪𑖲	𑖒𑖿𑖪𑖳	𑖒𑖿𑖪𑖸	𑖒𑖿𑖪𑖹	𑖒𑖿𑖪𑖺	𑖒𑖿𑖪𑖻	𑖒𑖿𑖪𑖽	𑖒𑖿𑖪𑖾

续表

生字体文序列	第五章衍生字											
𑖓	𑖓	𑖓𑖯	𑖓𑖰	𑖓𑖱	𑖓𑖲	𑖓𑖳	𑖓𑖸	𑖓𑖹	𑖓𑖺	𑖓𑖻	𑖓𑖽	𑖓𑖾
𑖔	𑖔	𑖔𑖯	𑖔𑖰	𑖔𑖱	𑖔𑖲	𑖔𑖳	𑖔𑖸	𑖔𑖹	𑖔𑖺	𑖔𑖻	𑖔𑖽	𑖔𑖾
𑖕	𑖕	𑖕𑖯	𑖕𑖰	𑖕𑖱	𑖕𑖲	𑖕𑖳	𑖕𑖸	𑖕𑖹	𑖕𑖺	𑖕𑖻	𑖕𑖽	𑖕𑖾
𑖖	𑖖	𑖖𑖯	𑖖𑖰	𑖖𑖱	𑖖𑖲	𑖖𑖳	𑖖𑖸	𑖖𑖹	𑖖𑖺	𑖖𑖻	𑖖𑖽	𑖖𑖾
𑖗	𑖗	𑖗𑖯	𑖗𑖰	𑖗𑖱	𑖗𑖲	𑖗𑖳	𑖗𑖸	𑖗𑖹	𑖗𑖺	𑖗𑖻	𑖗𑖽	𑖗𑖾
𑖘	𑖘	𑖘𑖯	𑖘𑖰	𑖘𑖱	𑖘𑖲	𑖘𑖳	𑖘𑖸	𑖘𑖹	𑖘𑖺	𑖘𑖻	𑖘𑖽	𑖘𑖾
𑖙	𑖙	𑖙𑖯	𑖙𑖰	𑖙𑖱	𑖙𑖲	𑖙𑖳	𑖙𑖸	𑖙𑖹	𑖙𑖺	𑖙𑖻	𑖙𑖽	𑖙𑖾
𑖚	𑖚	𑖚𑖯	𑖚𑖰	𑖚𑖱	𑖚𑖲	𑖚𑖳	𑖚𑖸	𑖚𑖹	𑖚𑖺	𑖚𑖻	𑖚𑖽	𑖚𑖾
𑖛	𑖛	𑖛𑖯	𑖛𑖰	𑖛𑖱	𑖛𑖲	𑖛𑖳	𑖛𑖸	𑖛𑖹	𑖛𑖺	𑖛𑖻	𑖛𑖽	𑖛𑖾
𑖜	𑖜	𑖜𑖯	𑖜𑖰	𑖜𑖱	𑖜𑖲	𑖜𑖳	𑖜𑖸	𑖜𑖹	𑖜𑖺	𑖜𑖻	𑖜𑖽	𑖜𑖾
𑖝	𑖝	𑖝𑖯	𑖝𑖰	𑖝𑖱	𑖝𑖲	𑖝𑖳	𑖝𑖸	𑖝𑖹	𑖝𑖺	𑖝𑖻	𑖝𑖽	𑖝𑖾
𑖞	𑖞	𑖞𑖯	𑖞𑖰	𑖞𑖱	𑖞𑖲	𑖞𑖳	𑖞𑖸	𑖞𑖹	𑖞𑖺	𑖞𑖻	𑖞𑖾	𑖞𑖾
𑖟	𑖟	𑖟𑖯	𑖟𑖰	𑖟𑖱	𑖟𑖲	𑖟𑖳	𑖟𑖸	𑖟𑖹	𑖟𑖺	𑖟𑖻	𑖟𑖽	𑖟𑖾
𑖠	𑖠	𑖠𑖯	𑖠𑖰	𑖠𑖱	𑖠𑖲	𑖠𑖳	𑖠𑖸	𑖠𑖹	𑖠𑖺	𑖠𑖻	𑖠𑖽	𑖠𑖾
𑖡	𑖡	𑖡𑖯	𑖡𑖰	𑖡𑖱	𑖡𑖲	𑖡𑖳	𑖡𑖸	𑖡𑖹	𑖡𑖺	𑖡𑖻	𑖡𑖽	𑖡𑖾
𑖢	𑖢	𑖢𑖯	𑖢𑖰	𑖢𑖱	𑖢𑖲	𑖢𑖳	𑖢𑖸	𑖢𑖹	𑖢𑖺	𑖢𑖻	𑖢𑖽	𑖢𑖾
𑖣	𑖣	𑖣𑖯	𑖣𑖰	𑖣𑖱	𑖣𑖲	𑖣𑖳	𑖣𑖸	𑖣𑖹	𑖣𑖺	𑖣𑖻	𑖣𑖽	𑖣𑖾
𑖤	𑖤	𑖤𑖯	𑖤𑖰	𑖤𑖱	𑖤𑖲	𑖤𑖳	𑖤𑖸	𑖤𑖹	𑖤𑖺	𑖤𑖻	𑖤𑖽	𑖤𑖾
𑖥	𑖥	𑖥𑖯	𑖥𑖰	𑖥𑖱	𑖥𑖲	𑖥𑖳	𑖥𑖸	𑖥𑖹	𑖥𑖺	𑖥𑖻	𑖥𑖽	𑖥𑖾
𑖦	𑖦	𑖦𑖯	𑖦𑖰	𑖦𑖱	𑖦𑖲	𑖦𑖳	𑖦𑖸	𑖦𑖹	𑖦𑖺	𑖦𑖻	𑖦𑖽	𑖦𑖾
𑖧	𑖧	𑖧𑖯	𑖧𑖰	𑖧𑖱	𑖧𑖲	𑖧𑖳	𑖧𑖸	𑖧𑖹	𑖧𑖺	𑖧𑖻	𑖧𑖽	𑖧𑖾
𑖨	归入第八章，本章剔除											
𑖩	𑖩	𑖩𑖯	𑖩𑖰	𑖩𑖱	𑖩𑖲	𑖩𑖳	𑖩𑖸	𑖩𑖹	𑖩𑖺	𑖩𑖻	𑖩𑖽	𑖩𑖾
𑖪	当体重，剔除											
𑖫	𑖫	𑖫𑖯	𑖫𑖰	𑖫𑖱	𑖫𑖲	𑖫𑖳	𑖫𑖸	𑖫𑖹	𑖫𑖺	𑖫𑖻	𑖫𑖽	𑖫𑖾
𑖬	𑖬	𑖬𑖯	𑖬𑖰	𑖬𑖱	𑖬𑖲	𑖬𑖳	𑖬𑖸	𑖬𑖹	𑖬𑖺	𑖬𑖻	𑖬𑖽	𑖬𑖾
𑖭	𑖭	𑖭𑖯	𑖭𑖰	𑖭𑖱	𑖭𑖲	𑖭𑖳	𑖭𑖸	𑖭𑖹	𑖭𑖺	𑖭𑖻	𑖭𑖽	𑖭𑖾
𑖮	𑖮	𑖮𑖯	𑖮𑖰	𑖮𑖱	𑖮𑖲	𑖮𑖳	𑖮𑖸	𑖮𑖹	𑖮𑖺	𑖮𑖻	𑖮𑖽	𑖮𑖾
𑖩𑖿𑖩𑖽	全不生字，剔除											
𑖎𑖿𑖬	𑖎𑖿𑖬	𑖎𑖿𑖬𑖯	𑖎𑖿𑖬𑖰	𑖎𑖿𑖬𑖱	𑖎𑖿𑖬𑖲	𑖎𑖿𑖬𑖳	𑖎𑖿𑖬𑖸	𑖎𑖿𑖬𑖹	𑖎𑖿𑖬𑖺	𑖎𑖿𑖬𑖻	𑖎𑖿𑖬𑖽	𑖎𑖿𑖬𑖾

第六章

【原文】

𑖎𑖿𑖦[1]迦麽、𑖎𑖿𑖦𑖯迦麽。[2]

【译文】

第六章以𑖦下接于各体文字母的下面构成该章各字的主要形体架构。以体文𑖎为例，下接𑖦形成复合体文𑖎𑖿𑖦，以𑖎𑖿𑖦呼十二韵便生成了𑖎𑖿𑖦迦摩、𑖎𑖿𑖦𑖯迦摩等十二个字。

【注解】

1．𑖎𑖿𑖦：𑖿𑖦是𑖦的下半体。

2．这两个字发音的拉丁字母注音如下：𑖎𑖿𑖦(kma)、𑖎𑖿𑖦𑖯(kmā)，这两个字是第六章生字体文序列中的第一个体文衍生出的头两个悉昙梵字；这一章总共衍生三百八十四个字（见表16）。

表16　悉昙第六章三百八十四字

	第六章衍生字											
𑖎	𑖎𑖿𑖦	𑖎𑖿𑖦𑖯	𑖎𑖿𑖦𑖰	𑖎𑖿𑖦𑖱	𑖎𑖿𑖦𑖲	𑖎𑖿𑖦𑖳	𑖎𑖿𑖦𑖸	𑖎𑖿𑖦𑖹	𑖎𑖿𑖦𑖺	𑖎𑖿𑖦𑖻	𑖎𑖿𑖦𑖽	𑖎𑖿𑖦𑖾
𑖏	𑖏𑖿𑖦	𑖏𑖿𑖦𑖯	𑖏𑖿𑖦𑖰	𑖏𑖿𑖦𑖱	𑖏𑖿𑖦𑖲	𑖏𑖿𑖦𑖳	𑖏𑖿𑖦𑖸	𑖏𑖿𑖦𑖹	𑖏𑖿𑖦𑖺	𑖏𑖿𑖦𑖻	𑖏𑖿𑖦𑖽	𑖏𑖿𑖦𑖾
𑖐	𑖐𑖿𑖦	𑖐𑖿𑖦𑖯	𑖐𑖿𑖦𑖰	𑖐𑖿𑖦𑖱	𑖐𑖿𑖦𑖲	𑖐𑖿𑖦𑖳	𑖐𑖿𑖦𑖸	𑖐𑖿𑖦𑖹	𑖐𑖿𑖦𑖺	𑖐𑖿𑖦𑖻	𑖐𑖿𑖦𑖽	𑖐𑖿𑖦𑖾
𑖑	𑖑𑖿𑖦	𑖑𑖿𑖦𑖯	𑖑𑖿𑖦𑖰	𑖑𑖿𑖦𑖱	𑖑𑖿𑖦𑖲	𑖑𑖿𑖦𑖳	𑖑𑖿𑖦𑖸	𑖑𑖿𑖦𑖹	𑖑𑖿𑖦𑖺	𑖑𑖿𑖦𑖻	𑖑𑖿𑖦𑖽	𑖑𑖿𑖦𑖾
𑖒	𑖒𑖿𑖦	𑖒𑖿𑖦𑖯	𑖒𑖿𑖦𑖰	𑖒𑖿𑖦𑖱	𑖒𑖿𑖦𑖲	𑖒𑖿𑖦𑖳	𑖒𑖿𑖦𑖸	𑖒𑖿𑖦𑖹	𑖒𑖿𑖦𑖺	𑖒𑖿𑖦𑖻	𑖒𑖿𑖦𑖽	𑖒𑖿𑖦𑖾

生字体文序列	第六章衍生字											
𑖓	𑖓𑖿𑖦	𑖓𑖿𑖦𑖯	𑖓𑖿𑖦𑖰	𑖓𑖿𑖦𑖱	𑖓𑖿𑖦𑖲	𑖓𑖿𑖦𑖳	𑖓𑖿𑖦𑖸	𑖓𑖿𑖦𑖹	𑖓𑖿𑖦𑖺	𑖓𑖿𑖦𑖻	𑖓𑖿𑖦𑖽	𑖓𑖿𑖦𑖾
𑖔	𑖔𑖿𑖦	𑖔𑖿𑖦𑖯	𑖔𑖿𑖦𑖰	𑖔𑖿𑖦𑖱	𑖔𑖿𑖦𑖲	𑖔𑖿𑖦𑖳	𑖔𑖿𑖦𑖸	𑖔𑖿𑖦𑖹	𑖔𑖿𑖦𑖺	𑖔𑖿𑖦𑖻	𑖔𑖿𑖦𑖽	𑖔𑖿𑖦𑖾
𑖕	𑖕𑖿𑖦	𑖕𑖿𑖦𑖯	𑖕𑖿𑖦𑖰	𑖕𑖿𑖦𑖱	𑖕𑖿𑖦𑖲	𑖕𑖿𑖦𑖳	𑖕𑖿𑖦𑖸	𑖕𑖿𑖦𑖹	𑖕𑖿𑖦𑖺	𑖕𑖿𑖦𑖻	𑖕𑖿𑖦𑖽	𑖕𑖿𑖦𑖾
𑖖	𑖖𑖿𑖦	𑖖𑖿𑖦𑖯	𑖖𑖿𑖦𑖰	𑖖𑖿𑖦𑖱	𑖖𑖿𑖦𑖲	𑖖𑖿𑖦𑖳	𑖖𑖿𑖦𑖸	𑖖𑖿𑖦𑖹	𑖖𑖿𑖦𑖺	𑖖𑖿𑖦𑖻	𑖖𑖿𑖦𑖽	𑖖𑖿𑖦𑖾
𑖗	𑖗𑖿𑖦	𑖗𑖿𑖦𑖯	𑖗𑖿𑖦𑖰	𑖗𑖿𑖦𑖱	𑖗𑖿𑖦𑖲	𑖗𑖿𑖦𑖳	𑖗𑖿𑖦𑖸	𑖗𑖿𑖦𑖹	𑖗𑖿𑖦𑖺	𑖗𑖿𑖦𑖻	𑖗𑖿𑖦𑖽	𑖗𑖿𑖦𑖾
𑖘	𑖘𑖿𑖦	𑖘𑖿𑖦𑖯	𑖘𑖿𑖦𑖰	𑖘𑖿𑖦𑖱	𑖘𑖿𑖦𑖲	𑖘𑖿𑖦𑖳	𑖘𑖿𑖦𑖸	𑖘𑖿𑖦𑖹	𑖘𑖿𑖦𑖺	𑖘𑖿𑖦𑖻	𑖘𑖿𑖦𑖽	𑖘𑖿𑖦𑖾
𑖙	𑖙𑖿𑖦	𑖙𑖿𑖦𑖯	𑖙𑖿𑖦𑖰	𑖙𑖿𑖦𑖱	𑖙𑖿𑖦𑖲	𑖙𑖿𑖦𑖳	𑖙𑖿𑖦𑖸	𑖙𑖿𑖦𑖹	𑖙𑖿𑖦𑖺	𑖙𑖿𑖦𑖻	𑖙𑖿𑖦𑖽	𑖙𑖿𑖦𑖾
𑖚	𑖚𑖿𑖦	𑖚𑖿𑖦𑖯	𑖚𑖿𑖦𑖰	𑖚𑖿𑖦𑖱	𑖚𑖿𑖦𑖲	𑖚𑖿𑖦𑖳	𑖚𑖿𑖦𑖸	𑖚𑖿𑖦𑖹	𑖚𑖿𑖦𑖺	𑖚𑖿𑖦𑖻	𑖚𑖿𑖦𑖽	𑖚𑖿𑖦𑖾
𑖛	𑖛𑖿𑖦	𑖛𑖿𑖦𑖯	𑖛𑖿𑖦𑖰	𑖛𑖿𑖦𑖱	𑖛𑖿𑖦𑖲	𑖛𑖿𑖦𑖳	𑖛𑖿𑖦𑖸	𑖛𑖿𑖦𑖹	𑖛𑖿𑖦𑖺	𑖛𑖿𑖦𑖻	𑖛𑖿𑖦𑖽	𑖛𑖿𑖦𑖾
𑖜	𑖜𑖿𑖦	𑖜𑖿𑖦𑖯	𑖜𑖿𑖦𑖰	𑖜𑖿𑖦𑖱	𑖜𑖿𑖦𑖲	𑖜𑖿𑖦𑖳	𑖜𑖿𑖦𑖸	𑖜𑖿𑖦𑖹	𑖜𑖿𑖦𑖺	𑖜𑖿𑖦𑖻	𑖜𑖿𑖦𑖽	𑖜𑖿𑖦𑖾
𑖝	𑖝𑖿𑖦	𑖝𑖿𑖦𑖯	𑖝𑖿𑖦𑖰	𑖝𑖿𑖦𑖱	𑖝𑖿𑖦𑖲	𑖝𑖿𑖦𑖳	𑖝𑖿𑖦𑖸	𑖝𑖿𑖦𑖹	𑖝𑖿𑖦𑖺	𑖝𑖿𑖦𑖻	𑖝𑖿𑖦𑖽	𑖝𑖿𑖦𑖾
𑖞	𑖞𑖿𑖦	𑖞𑖿𑖦𑖯	𑖞𑖿𑖦𑖰	𑖞𑖿𑖦𑖱	𑖞𑖿𑖦𑖲	𑖞𑖿𑖦𑖳	𑖞𑖿𑖦𑖸	𑖞𑖿𑖦𑖹	𑖞𑖿𑖦𑖺	𑖞𑖿𑖦𑖻	𑖞𑖿𑖦𑖽	𑖞𑖿𑖦𑖾
𑖟	𑖟𑖿𑖦	𑖟𑖿𑖦𑖯	𑖟𑖿𑖦𑖰	𑖟𑖿𑖦𑖱	𑖟𑖿𑖦𑖲	𑖟𑖿𑖦𑖳	𑖟𑖿𑖦𑖸	𑖟𑖿𑖦𑖹	𑖟𑖿𑖦𑖺	𑖟𑖿𑖦𑖻	𑖟𑖿𑖦𑖽	𑖟𑖿𑖦𑖾
𑖠	𑖠𑖿𑖦	𑖠𑖿𑖦𑖯	𑖠𑖿𑖦𑖰	𑖠𑖿𑖦𑖱	𑖠𑖿𑖦𑖲	𑖠𑖿𑖦𑖳	𑖠𑖿𑖦𑖸	𑖠𑖿𑖦𑖹	𑖠𑖿𑖦𑖺	𑖠𑖿𑖦𑖻	𑖠𑖿𑖦𑖽	𑖠𑖿𑖦𑖾
𑖡	𑖡𑖿𑖦	𑖡𑖿𑖦𑖯	𑖡𑖿𑖦𑖰	𑖡𑖿𑖦𑖱	𑖡𑖿𑖦𑖲	𑖡𑖿𑖦𑖳	𑖡𑖿𑖦𑖸	𑖡𑖿𑖦𑖹	𑖡𑖿𑖦𑖺	𑖡𑖿𑖦𑖻	𑖡𑖿𑖦𑖽	𑖡𑖿𑖦𑖾
𑖢	𑖢𑖿𑖦	𑖢𑖿𑖦𑖯	𑖢𑖿𑖦𑖰	𑖢𑖿𑖦𑖱	𑖢𑖿𑖦𑖲	𑖢𑖿𑖦𑖳	𑖢𑖿𑖦𑖸	𑖢𑖿𑖦𑖹	𑖢𑖿𑖦𑖺	𑖢𑖿𑖦𑖻	𑖢𑖿𑖦𑖽	𑖢𑖿𑖦𑖾
𑖣	𑖣𑖿𑖦	𑖣𑖿𑖦𑖯	𑖣𑖿𑖦𑖰	𑖣𑖿𑖦𑖱	𑖣𑖿𑖦𑖲	𑖣𑖿𑖦𑖳	𑖣𑖿𑖦𑖸	𑖣𑖿𑖦𑖹	𑖣𑖿𑖦𑖺	𑖣𑖿𑖦𑖻	𑖣𑖿𑖦𑖽	𑖣𑖿𑖦𑖾
𑖤	𑖤𑖿𑖦	𑖤𑖿𑖦𑖯	𑖤𑖿𑖦𑖰	𑖤𑖿𑖦𑖱	𑖤𑖿𑖦𑖲	𑖤𑖿𑖦𑖳	𑖤𑖿𑖦𑖸	𑖤𑖿𑖦𑖹	𑖤𑖿𑖦𑖺	𑖤𑖿𑖦𑖻	𑖤𑖿𑖦𑖽	𑖤𑖿𑖦𑖾
𑖥	𑖥𑖿𑖦	𑖥𑖿𑖦𑖯	𑖥𑖿𑖦𑖰	𑖥𑖿𑖦𑖱	𑖥𑖿𑖦𑖲	𑖥𑖿𑖦𑖳	𑖥𑖿𑖦𑖸	𑖥𑖿𑖦𑖹	𑖥𑖿𑖦𑖺	𑖥𑖿𑖦𑖻	𑖥𑖿𑖦𑖽	𑖥𑖿𑖦𑖾
𑖦	当体重，剔除											
𑖧	𑖧𑖿𑖦	𑖧𑖿𑖦𑖯	𑖧𑖿𑖦𑖰	𑖧𑖿𑖦𑖱	𑖧𑖿𑖦𑖲	𑖧𑖿𑖦𑖳	𑖧𑖿𑖦𑖸	𑖧𑖿𑖦𑖹	𑖧𑖿𑖦𑖺	𑖧𑖿𑖦𑖻	𑖧𑖿𑖦𑖽	𑖧𑖿𑖦𑖾
𑖨	归入第八章，本章不生字，剔除											
𑖩	𑖩𑖿𑖦	𑖩𑖿𑖦𑖯	𑖩𑖿𑖦𑖰	𑖩𑖿𑖦𑖱	𑖩𑖿𑖦𑖲	𑖩𑖿𑖦𑖳	𑖩𑖿𑖦𑖸	𑖩𑖿𑖦𑖹	𑖩𑖿𑖦𑖺	𑖩𑖿𑖦𑖻	𑖩𑖿𑖦𑖽	𑖩𑖿𑖦𑖾
𑖪	𑖪𑖿𑖦	𑖪𑖿𑖦𑖯	𑖪𑖿𑖦𑖰	𑖪𑖿𑖦𑖱	𑖪𑖿𑖦𑖲	𑖪𑖿𑖦𑖳	𑖪𑖿𑖦𑖸	𑖪𑖿𑖦𑖹	𑖪𑖿𑖦𑖺	𑖪𑖿𑖦𑖻	𑖪𑖿𑖦𑖽	𑖪𑖿𑖦𑖾
𑖫	𑖫𑖿𑖦	𑖫𑖿𑖦𑖯	𑖫𑖿𑖦𑖰	𑖫𑖿𑖦𑖱	𑖫𑖿𑖦𑖲	𑖫𑖿𑖦𑖳	𑖫𑖿𑖦𑖸	𑖫𑖿𑖦𑖹	𑖫𑖿𑖦𑖺	𑖫𑖿𑖦𑖻	𑖫𑖿𑖦𑖽	𑖫𑖿𑖦𑖾
𑖬	𑖬𑖿𑖦	𑖬𑖿𑖦𑖯	𑖬𑖿𑖦𑖰	𑖬𑖿𑖦𑖱	𑖬𑖿𑖦𑖲	𑖬𑖿𑖦𑖳	𑖬𑖿𑖦𑖸	𑖬𑖿𑖦𑖹	𑖬𑖿𑖦𑖺	𑖬𑖿𑖦𑖻	𑖬𑖿𑖦𑖽	𑖬𑖿𑖦𑖾
𑖭	𑖭𑖿𑖦	𑖭𑖿𑖦𑖯	𑖭𑖿𑖦𑖰	𑖭𑖿𑖦𑖱	𑖭𑖿𑖦𑖲	𑖭𑖿𑖦𑖳	𑖭𑖿𑖦𑖸	𑖭𑖿𑖦𑖹	𑖭𑖿𑖦𑖺	𑖭𑖿𑖦𑖻	𑖭𑖿𑖦𑖽	𑖭𑖿𑖦𑖾
𑖮	𑖮𑖿𑖦	𑖮𑖿𑖦𑖯	𑖮𑖿𑖦𑖰	𑖮𑖿𑖦𑖱	𑖮𑖿𑖦𑖲	𑖮𑖿𑖦𑖳	𑖮𑖿𑖦𑖸	𑖮𑖿𑖦𑖹	𑖮𑖿𑖦𑖺	𑖮𑖿𑖦𑖻	𑖮𑖿𑖦𑖽	𑖮𑖿𑖦𑖾
𑖩𑖿𑖩𑖽	全不生字，剔除											
𑖎𑖿𑖬	𑖎𑖿𑖬𑖿𑖦	𑖎𑖿𑖬𑖿𑖦𑖯	𑖎𑖿𑖬𑖿𑖦𑖰	𑖎𑖿𑖬𑖿𑖦𑖱	𑖎𑖿𑖬𑖿𑖦𑖲	𑖎𑖿𑖬𑖿𑖦𑖳	𑖎𑖿𑖬𑖿𑖦𑖸	𑖎𑖿𑖬𑖿𑖦𑖹	𑖎𑖿𑖬𑖿𑖦𑖺	𑖎𑖿𑖬𑖿𑖦𑖻	𑖎𑖿𑖬𑖿𑖦𑖽	𑖎𑖿𑖬𑖿𑖦𑖾

第七章

【原文】

𑖎𑖿𑖡[1]迦娜、𑖎𑖿𑖡𑖯迦娜。[2]

【译文】

第七章以𑖡下接于各体文字母形成该章各字形体的主要架构。以𑖎为例，下接𑖡生成复合体文𑖎𑖿𑖡；以𑖎𑖿𑖡呼十二韵，便生成𑖎𑖿𑖡（迦娜）、𑖎𑖿𑖡𑖯（迦娜）等十二个悉昙梵字。

【注解】

1. 𑖎𑖿𑖡：𑖿𑖡是𑖡的下半体。

2. 这两个字发音的拉丁字母注音如下：𑖎𑖿𑖡(kna)、𑖎𑖿𑖡𑖯(knā)，这两个字是第七章的生字体文序列中第一个体文𑖎衍生出的头两个悉昙梵字。这一章总共衍生三百八十四个字（见表17）。

表17　悉昙第七章三百八十四字

	第七章衍生字											
𑖎	𑖎𑖿𑖡	𑖎𑖿𑖡𑖯	𑖎𑖿𑖡𑖰	𑖎𑖿𑖡𑖱	𑖎𑖿𑖡𑖲	𑖎𑖿𑖡𑖳	𑖎𑖿𑖡𑖸	𑖎𑖿𑖡𑖹	𑖎𑖿𑖡𑖺	𑖎𑖿𑖡𑖻	𑖎𑖿𑖡𑖽	𑖎𑖿𑖡𑖾
𑖏	𑖏𑖿𑖡	𑖏𑖿𑖡𑖯	𑖏𑖿𑖡𑖰	𑖏𑖿𑖡𑖱	𑖏𑖿𑖡𑖲	𑖏𑖿𑖡𑖳	𑖏𑖿𑖡𑖸	𑖏𑖿𑖡𑖹	𑖏𑖿𑖡𑖺	𑖏𑖿𑖡𑖻	𑖏𑖿𑖡𑖽	𑖏𑖿𑖡𑖾

续表

	第七章衍生字											
𑖐	𑖐𑖿𑖡	𑖐𑖿𑖡𑖯	𑖐𑖿𑖡𑖰	𑖐𑖿𑖡𑖱	𑖐𑖿𑖡𑖲	𑖐𑖿𑖡𑖳	𑖐𑖿𑖡𑖸	𑖐𑖿𑖡𑖹	𑖐𑖿𑖡𑖺	𑖐𑖿𑖡𑖻	𑖐𑖿𑖡𑖽	𑖐𑖿𑖡𑖾
𑖑	𑖑𑖿𑖡	𑖑𑖿𑖡𑖯	𑖑𑖿𑖡𑖰	𑖑𑖿𑖡𑖱	𑖑𑖿𑖡𑖲	𑖑𑖿𑖡𑖳	𑖑𑖿𑖡𑖸	𑖑𑖿𑖡𑖹	𑖑𑖿𑖡𑖺	𑖑𑖿𑖡𑖻	𑖑𑖿𑖡𑖽	𑖑𑖿𑖡𑖾
𑖒	𑖒𑖿𑖡	𑖒𑖿𑖡𑖯	𑖒𑖿𑖡𑖰	𑖒𑖿𑖡𑖱	𑖒𑖿𑖡𑖲	𑖒𑖿𑖡𑖳	𑖒𑖿𑖡𑖸	𑖒𑖿𑖡𑖹	𑖒𑖿𑖡𑖺	𑖒𑖿𑖡𑖻	𑖒𑖿𑖡𑖽	𑖒𑖿𑖡𑖾
𑖓	𑖓𑖿𑖡	𑖓𑖿𑖡𑖯	𑖓𑖿𑖡𑖰	𑖓𑖿𑖡𑖱	𑖓𑖿𑖡𑖲	𑖓𑖿𑖡𑖳	𑖓𑖿𑖡𑖸	𑖓𑖿𑖡𑖹	𑖓𑖿𑖡𑖺	𑖓𑖿𑖡𑖻	𑖓𑖿𑖡𑖽	𑖓𑖿𑖡𑖾
𑖔	𑖔𑖿𑖡	𑖔𑖿𑖡𑖯	𑖔𑖿𑖡𑖰	𑖔𑖿𑖡𑖱	𑖔𑖿𑖡𑖲	𑖔𑖿𑖡𑖳	𑖔𑖿𑖡𑖸	𑖔𑖿𑖡𑖹	𑖔𑖿𑖡𑖺	𑖔𑖿𑖡𑖻	𑖔𑖿𑖡𑖽	𑖔𑖿𑖡𑖾
𑖕	𑖕𑖿𑖡	𑖕𑖿𑖡𑖯	𑖕𑖿𑖡𑖰	𑖕𑖿𑖡𑖱	𑖕𑖿𑖡𑖲	𑖕𑖿𑖡𑖳	𑖕𑖿𑖡𑖸	𑖕𑖿𑖡𑖹	𑖕𑖿𑖡𑖺	𑖕𑖿𑖡𑖻	𑖕𑖿𑖡𑖽	𑖕𑖿𑖡𑖾
𑖖	𑖖𑖿𑖡	𑖖𑖿𑖡𑖯	𑖖𑖿𑖡𑖰	𑖖𑖿𑖡𑖱	𑖖𑖿𑖡𑖲	𑖖𑖿𑖡𑖳	𑖖𑖿𑖡𑖸	𑖖𑖿𑖡𑖹	𑖖𑖿𑖡𑖺	𑖖𑖿𑖡𑖻	𑖖𑖿𑖡𑖽	𑖖𑖿𑖡𑖾
𑖗	𑖗𑖿𑖡	𑖗𑖿𑖡𑖯	𑖗𑖿𑖡𑖰	𑖗𑖿𑖡𑖱	𑖗𑖿𑖡𑖲	𑖗𑖿𑖡𑖳	𑖗𑖿𑖡𑖸	𑖗𑖿𑖡𑖹	𑖗𑖿𑖡𑖺	𑖗𑖿𑖡𑖻	𑖗𑖿𑖡𑖽	𑖗𑖿𑖡𑖾
𑖘	𑖘𑖿𑖡	𑖘𑖿𑖡𑖯	𑖘𑖿𑖡𑖰	𑖘𑖿𑖡𑖱	𑖘𑖿𑖡𑖲	𑖘𑖿𑖡𑖳	𑖘𑖿𑖡𑖸	𑖘𑖿𑖡𑖹	𑖘𑖿𑖡𑖺	𑖘𑖿𑖡𑖻	𑖘𑖿𑖡𑖽	𑖘𑖿𑖡𑖾
𑖙	𑖙𑖿𑖡	𑖙𑖿𑖡𑖯	𑖙𑖿𑖡𑖰	𑖙𑖿𑖡𑖱	𑖙𑖿𑖡𑖲	𑖙𑖿𑖡𑖳	𑖙𑖿𑖡𑖸	𑖙𑖿𑖡𑖹	𑖙𑖿𑖡𑖺	𑖙𑖿𑖡𑖻	𑖙𑖿𑖡𑖽	𑖙𑖿𑖡𑖾
𑖚	𑖚𑖿𑖡	𑖚𑖿𑖡𑖯	𑖚𑖿𑖡𑖰	𑖚𑖿𑖡𑖱	𑖚𑖿𑖡𑖲	𑖚𑖿𑖡𑖳	𑖚𑖿𑖡𑖸	𑖚𑖿𑖡𑖹	𑖚𑖿𑖡𑖺	𑖚𑖿𑖡𑖻	𑖚𑖿𑖡𑖽	𑖚𑖿𑖡𑖾
𑖛	𑖛𑖿𑖡	𑖛𑖿𑖡𑖯	𑖛𑖿𑖡𑖰	𑖛𑖿𑖡𑖱	𑖛𑖿𑖡𑖲	𑖛𑖿𑖡𑖳	𑖛𑖿𑖡𑖸	𑖛𑖿𑖡𑖹	𑖛𑖿𑖡𑖺	𑖛𑖿𑖡𑖻	𑖛𑖿𑖡𑖽	𑖛𑖿𑖡𑖾
𑖜	𑖜𑖿𑖡	𑖜𑖿𑖡𑖯	𑖜𑖿𑖡𑖰	𑖜𑖿𑖡𑖱	𑖜𑖿𑖡𑖲	𑖜𑖿𑖡𑖳	𑖜𑖿𑖡𑖸	𑖜𑖿𑖡𑖹	𑖜𑖿𑖡𑖺	𑖜𑖿𑖡𑖻	𑖜𑖿𑖡𑖽	𑖜𑖿𑖡𑖾
𑖝	𑖝𑖿𑖡	𑖝𑖿𑖡𑖯	𑖝𑖿𑖡𑖰	𑖝𑖿𑖡𑖱	𑖝𑖿𑖡𑖲	𑖝𑖿𑖡𑖳	𑖝𑖿𑖡𑖸	𑖝𑖿𑖡𑖹	𑖝𑖿𑖡𑖺	𑖝𑖿𑖡𑖻	𑖝𑖿𑖡𑖽	𑖝𑖿𑖡𑖾
𑖞	𑖞𑖿𑖡	𑖞𑖿𑖡𑖯	𑖞𑖿𑖡𑖰	𑖞𑖿𑖡𑖱	𑖞𑖿𑖡𑖲	𑖞𑖿𑖡𑖳	𑖞𑖿𑖡𑖸	𑖞𑖿𑖡𑖹	𑖞𑖿𑖡𑖺	𑖞𑖿𑖡𑖻	𑖞𑖿𑖡𑖽	𑖞𑖿𑖡𑖾
𑖟	𑖟𑖿𑖡	𑖟𑖿𑖡𑖯	𑖟𑖿𑖡𑖰	𑖟𑖿𑖡𑖱	𑖟𑖿𑖡𑖲	𑖟𑖿𑖡𑖳	𑖟𑖿𑖡𑖸	𑖟𑖿𑖡𑖹	𑖟𑖿𑖡𑖺	𑖟𑖿𑖡𑖻	𑖟𑖿𑖡𑖽	𑖟𑖿𑖡𑖾
𑖠	𑖠𑖿𑖡	𑖠𑖿𑖡𑖯	𑖠𑖿𑖡𑖰	𑖠𑖿𑖡𑖱	𑖠𑖿𑖡𑖲	𑖠𑖿𑖡𑖳	𑖠𑖿𑖡𑖸	𑖠𑖿𑖡𑖹	𑖠𑖿𑖡𑖺	𑖠𑖿𑖡𑖻	𑖠𑖿𑖡𑖽	𑖠𑖿𑖡𑖾
𑖡	当体重，剔除											
𑖢	𑖢𑖿𑖡	𑖢𑖿𑖡𑖯	𑖢𑖿𑖡𑖰	𑖢𑖿𑖡𑖱	𑖢𑖿𑖡𑖲	𑖢𑖿𑖡𑖳	𑖢𑖿𑖡𑖸	𑖢𑖿𑖡𑖹	𑖢𑖿𑖡𑖺	𑖢𑖿𑖡𑖻	𑖢𑖿𑖡𑖽	𑖢𑖿𑖡𑖾
𑖣	𑖣𑖿𑖡	𑖣𑖿𑖡𑖯	𑖣𑖿𑖡𑖰	𑖣𑖿𑖡𑖱	𑖣𑖿𑖡𑖲	𑖣𑖿𑖡𑖳	𑖣𑖿𑖡𑖸	𑖣𑖿𑖡𑖹	𑖣𑖿𑖡𑖺	𑖣𑖿𑖡𑖻	𑖣𑖿𑖡𑖽	𑖣𑖿𑖡𑖾
𑖤	𑖤𑖿𑖡	𑖤𑖿𑖡𑖯	𑖤𑖿𑖡𑖰	𑖤𑖿𑖡𑖱	𑖤𑖿𑖡𑖲	𑖤𑖿𑖡𑖳	𑖤𑖿𑖡𑖸	𑖤𑖿𑖡𑖹	𑖤𑖿𑖡𑖺	𑖤𑖿𑖡𑖻	𑖤𑖿𑖡𑖽	𑖤𑖿𑖡𑖾
𑖥	𑖥𑖿𑖡	𑖥𑖿𑖡𑖯	𑖥𑖿𑖡𑖰	𑖥𑖿𑖡𑖱	𑖥𑖿𑖡𑖲	𑖥𑖿𑖡𑖳	𑖥𑖿𑖡𑖸	𑖥𑖿𑖡𑖹	𑖥𑖿𑖡𑖺	𑖥𑖿𑖡𑖻	𑖥𑖿𑖡𑖽	𑖥𑖿𑖡𑖾
𑖦	𑖦𑖿𑖡	𑖦𑖿𑖡𑖯	𑖦𑖿𑖡𑖰	𑖦𑖿𑖡𑖱	𑖦𑖿𑖡𑖲	𑖦𑖿𑖡𑖳	𑖦𑖿𑖡𑖸	𑖦𑖿𑖡𑖹	𑖦𑖿𑖡𑖺	𑖦𑖿𑖡𑖻	𑖦𑖿𑖡𑖽	𑖦𑖿𑖡𑖾
𑖧	𑖧𑖿𑖡	𑖧𑖿𑖡𑖯	𑖧𑖿𑖡𑖰	𑖧𑖿𑖡𑖱	𑖧𑖿𑖡𑖲	𑖧𑖿𑖡𑖳	𑖧𑖿𑖡𑖸	𑖧𑖿𑖡𑖹	𑖧𑖿𑖡𑖺	𑖧𑖿𑖡𑖻	𑖧𑖿𑖡𑖽	𑖧𑖿𑖡𑖾
𑖨	归入第八章，本章不生字，剔除											
𑖩	𑖩𑖿𑖡	𑖩𑖿𑖡𑖯	𑖩𑖿𑖡𑖰	𑖩𑖿𑖡𑖱	𑖩𑖿𑖡𑖲	𑖩𑖿𑖡𑖳	𑖩𑖿𑖡𑖸	𑖩𑖿𑖡𑖹	𑖩𑖿𑖡𑖺	𑖩𑖿𑖡𑖻	𑖩𑖿𑖡𑖽	𑖩𑖿𑖡𑖾
𑖪	𑖪𑖿𑖡	𑖪𑖿𑖡𑖯	𑖪𑖿𑖡𑖰	𑖪𑖿𑖡𑖱	𑖪𑖿𑖡𑖲	𑖪𑖿𑖡𑖳	𑖪𑖿𑖡𑖸	𑖪𑖿𑖡𑖹	𑖪𑖿𑖡𑖺	𑖪𑖿𑖡𑖻	𑖪𑖿𑖡𑖽	𑖪𑖿𑖡𑖾
𑖫	𑖫𑖿𑖡	𑖫𑖿𑖡𑖯	𑖫𑖿𑖡𑖰	𑖫𑖿𑖡𑖱	𑖫𑖿𑖡𑖲	𑖫𑖿𑖡𑖳	𑖫𑖿𑖡𑖸	𑖫𑖿𑖡𑖹	𑖫𑖿𑖡𑖺	𑖫𑖿𑖡𑖻	𑖫𑖿𑖡𑖽	𑖫𑖿𑖡𑖾
𑖬	𑖬𑖿𑖡	𑖬𑖿𑖡𑖯	𑖬𑖿𑖡𑖰	𑖬𑖿𑖡𑖱	𑖬𑖿𑖡𑖲	𑖬𑖿𑖡𑖳	𑖬𑖿𑖡𑖸	𑖬𑖿𑖡𑖹	𑖬𑖿𑖡𑖺	𑖬𑖿𑖡𑖻	𑖬𑖿𑖡𑖽	𑖬𑖿𑖡𑖾
𑖭	𑖭𑖿𑖡	𑖭𑖿𑖡𑖯	𑖭𑖿𑖡𑖰	𑖭𑖿𑖡𑖱	𑖭𑖿𑖡𑖲	𑖭𑖿𑖡𑖳	𑖭𑖿𑖡𑖸	𑖭𑖿𑖡𑖹	𑖭𑖿𑖡𑖺	𑖭𑖿𑖡𑖻	𑖭𑖿𑖡𑖽	𑖭𑖿𑖡𑖾

续表

	第七章衍生字											
	全不生字，剔除											

第八章

【原文】

阿勒迦上[1]、[2]阿勒迦平、伊上力纪、伊力机、欧鹿苟上、欧鹿钩平、医力蓟、医力介、阿勒句、阿勒憍脚号反、阿勒剑、阿勒迦去。[3]

右第八章字同初章，但用半体啰加诸字上，后点摩多也。又此章为后相次六章字体，同前第二已下也，但加半体啰也。

【译文】

第八章以加于体文字母的上边，构成该章各字的形体架构。以为例，上接形成复合体文；再以呼十二韵形成的十二个字为：阿勒迦上、阿勒迦平、伊上力纪、伊力机、欧鹿苟上、欧鹿钩平、医力蓟、医力介、阿勒句、阿勒憍脚号反、阿勒剑、阿勒迦去。

上面的第八章和第一章相似，但是要用的半体（啰）加在各个字的上面，然后再加上摩多。另外这一章为后续六章各字的形体，这也和前面的第二章相似，所不同的就是加了上半体𑖨𑖿（啰）。

【注解】

1. 𑖨𑖿𑖎阿勒迦上：𑖨𑖿是𑖨的上半体。上：发𑖀韵时是要用上声短呼。

2. 𑖨𑖿𑖎𑖯：◌𑖯是𑖁的摩多点画。这一章及后续六章的字要注意的是摩多点画◌𑖯、◌𑖰、◌𑖱、◌𑖸、◌𑖹、◌𑖺、◌𑖻所在的位置。

3. 这几个字发音的拉丁字母注音如下：𑖨𑖿𑖎（rka）、𑖨𑖿𑖎𑖯（rka）、𑖨𑖿𑖎𑖰（rki）、𑖨𑖿𑖎𑖱（rkī）、𑖨𑖿𑖎𑖲（rku）、𑖨𑖿𑖎𑖳（rkū）、𑖨𑖿𑖎𑖸（rke）、𑖨𑖿𑖎𑖹（rkai）、𑖨𑖿𑖎𑖺（rko）、𑖨𑖿𑖎𑖻（rkau）、𑖨𑖿𑖎𑖽（rkaṃ）、𑖨𑖿𑖎𑖾（rkah）。这几个字是第八章的生字体文序列中的第一个体文𑖎衍生出的十二个悉昙梵字；这一章总共生成三百九十六个字（见表18）。

表18 悉昙第八章三百九十六字

生字体文序列	第八章衍生字											
𑖎	𑖨𑖿𑖎	𑖨𑖿𑖎𑖯	𑖨𑖿𑖎𑖰	𑖨𑖿𑖎𑖱	𑖨𑖿𑖎𑖲	𑖨𑖿𑖎𑖳	𑖨𑖿𑖎𑖸	𑖨𑖿𑖎𑖹	𑖨𑖿𑖎𑖺	𑖨𑖿𑖎𑖻	𑖨𑖿𑖎𑖽	𑖨𑖿𑖎𑖾
𑖏	𑖨𑖿𑖏	𑖨𑖿𑖏𑖯	𑖨𑖿𑖏𑖰	𑖨𑖿𑖏𑖱	𑖨𑖿𑖏𑖲	𑖨𑖿𑖏𑖳	𑖨𑖿𑖏𑖸	𑖨𑖿𑖏𑖹	𑖨𑖿𑖏𑖺	𑖨𑖿𑖏𑖻	𑖨𑖿𑖏𑖽	𑖨𑖿𑖏𑖾
𑖐	𑖨𑖿𑖐	𑖨𑖿𑖐𑖯	𑖨𑖿𑖐𑖰	𑖨𑖿𑖐𑖱	𑖨𑖿𑖐𑖲	𑖨𑖿𑖐𑖳	𑖨𑖿𑖐𑖸	𑖨𑖿𑖐𑖹	𑖨𑖿𑖐𑖺	𑖨𑖿𑖐𑖻	𑖨𑖿𑖐𑖽	𑖨𑖿𑖐𑖾
𑖑	𑖨𑖿𑖑	𑖨𑖿𑖑𑖯	𑖨𑖿𑖑𑖰	𑖨𑖿𑖑𑖱	𑖨𑖿𑖑𑖲	𑖨𑖿𑖑𑖳	𑖨𑖿𑖑𑖸	𑖨𑖿𑖑𑖹	𑖨𑖿𑖑𑖺	𑖨𑖿𑖑𑖻	𑖨𑖿𑖑𑖽	𑖨𑖿𑖑𑖾
𑖒	𑖨𑖿𑖒	𑖨𑖿𑖒𑖯	𑖨𑖿𑖒𑖰	𑖨𑖿𑖒𑖱	𑖨𑖿𑖒𑖲	𑖨𑖿𑖒𑖳	𑖨𑖿𑖒𑖸	𑖨𑖿𑖒𑖹	𑖨𑖿𑖒𑖺	𑖨𑖿𑖒𑖻	𑖨𑖿𑖒𑖽	𑖨𑖿𑖒𑖾
𑖓	𑖨𑖿𑖓	𑖨𑖿𑖓𑖯	𑖨𑖿𑖓𑖰	𑖨𑖿𑖓𑖱	𑖨𑖿𑖓𑖲	𑖨𑖿𑖓𑖳	𑖨𑖿𑖓𑖸	𑖨𑖿𑖓𑖹	𑖨𑖿𑖓𑖺	𑖨𑖿𑖓𑖻	𑖨𑖿𑖓𑖽	𑖨𑖿𑖓𑖾
𑖔	𑖨𑖿𑖔	𑖨𑖿𑖔𑖯	𑖨𑖿𑖔𑖰	𑖨𑖿𑖔𑖱	𑖨𑖿𑖔𑖲	𑖨𑖿𑖔𑖳	𑖨𑖿𑖔𑖸	𑖨𑖿𑖔𑖹	𑖨𑖿𑖔𑖺	𑖨𑖿𑖔𑖻	𑖨𑖿𑖔𑖽	𑖨𑖿𑖔𑖾

续表

生字体文序列	第八章衍生字											
[illegible]	[illegible]	[illegible]	[illegible]	[illegible]	[illegible]	[illegible]	[illegible]	[illegible]	[illegible]	[illegible]	[illegible]	[illegible]
[illegible]	[illegible]	[illegible]	[illegible]	[illegible]	[illegible]	[illegible]	[illegible]	[illegible]	[illegible]	[illegible]	[illegible]	[illegible]
[illegible]	[illegible]	[illegible]	[illegible]	[illegible]	[illegible]	[illegible]	[illegible]	[illegible]	[illegible]	[illegible]	[illegible]	[illegible]
[illegible]	[illegible]	[illegible]	[illegible]	[illegible]	[illegible]	[illegible]	[illegible]	[illegible]	[illegible]	[illegible]	[illegible]	[illegible]
[illegible]	[illegible]	[illegible]	[illegible]	[illegible]	[illegible]	[illegible]	[illegible]	[illegible]	[illegible]	[illegible]	[illegible]	[illegible]
[illegible]	[illegible]	[illegible]	[illegible]	[illegible]	[illegible]	[illegible]	[illegible]	[illegible]	[illegible]	[illegible]	[illegible]	[illegible]
[illegible]	[illegible]	[illegible]	[illegible]	[illegible]	[illegible]	[illegible]	[illegible]	[illegible]	[illegible]	[illegible]	[illegible]	[illegible]
[illegible]	[illegible]	[illegible]	[illegible]	[illegible]	[illegible]	[illegible]	[illegible]	[illegible]	[illegible]	[illegible]	[illegible]	[illegible]
[illegible]	[illegible]	[illegible]	[illegible]	[illegible]	[illegible]	[illegible]	[illegible]	[illegible]	[illegible]	[illegible]	[illegible]	[illegible]
[illegible]	[illegible]	[illegible]	[illegible]	[illegible]	[illegible]	[illegible]	[illegible]	[illegible]	[illegible]	[illegible]	[illegible]	[illegible]
[illegible]	[illegible]	[illegible]	[illegible]	[illegible]	[illegible]	[illegible]	[illegible]	[illegible]	[illegible]	[illegible]	[illegible]	[illegible]
[illegible]	[illegible]	[illegible]	[illegible]	[illegible]	[illegible]	[illegible]	[illegible]	[illegible]	[illegible]	[illegible]	[illegible]	[illegible]
[illegible]	[illegible]	[illegible]	[illegible]	[illegible]	[illegible]	[illegible]	[illegible]	[illegible]	[illegible]	[illegible]	[illegible]	[illegible]
[illegible]	[illegible]	[illegible]	[illegible]	[illegible]	[illegible]	[illegible]	[illegible]	[illegible]	[illegible]	[illegible]	[illegible]	[illegible]
[illegible]	[illegible]	[illegible]	[illegible]	[illegible]	[illegible]	[illegible]	[illegible]	[illegible]	[illegible]	[illegible]	[illegible]	[illegible]
[illegible]	[illegible]	[illegible]	[illegible]	[illegible]	[illegible]	[illegible]	[illegible]	[illegible]	[illegible]	[illegible]	[illegible]	[illegible]
[illegible]	[illegible]	[illegible]	[illegible]	[illegible]	[illegible]	[illegible]	[illegible]	[illegible]	[illegible]	[illegible]	[illegible]	[illegible]
[illegible]	[illegible]	[illegible]	[illegible]	[illegible]	[illegible]	[illegible]	[illegible]	[illegible]	[illegible]	[illegible]	[illegible]	[illegible]
[illegible]	[illegible]	[illegible]	[illegible]	[illegible]	[illegible]	[illegible]	[illegible]	[illegible]	[illegible]	[illegible]	[illegible]	[illegible]
[illegible]	当体重，剔除											
[illegible]	[illegible]	[illegible]	[illegible]	[illegible]	[illegible]	[illegible]	[illegible]	[illegible]	[illegible]	[illegible]	[illegible]	[illegible]
[illegible]	[illegible]	[illegible]	[illegible]	[illegible]	[illegible]	[illegible]	[illegible]	[illegible]	[illegible]	[illegible]	[illegible]	[illegible]
[illegible]	[illegible]	[illegible]	[illegible]	[illegible]	[illegible]	[illegible]	[illegible]	[illegible]	[illegible]	[illegible]	[illegible]	[illegible]
[illegible]	[illegible]	[illegible]	[illegible]	[illegible]	[illegible]	[illegible]	[illegible]	[illegible]	[illegible]	[illegible]	[illegible]	[illegible]
[illegible]	[illegible]	[illegible]	[illegible]	[illegible]	[illegible]	[illegible]	[illegible]	[illegible]	[illegible]	[illegible]	[illegible]	[illegible]
[illegible]	[illegible]	[illegible]	[illegible]	[illegible]	[illegible]	[illegible]	[illegible]	[illegible]	[illegible]	[illegible]	[illegible]	[illegible]
[illegible]	全不生字，剔除											
[illegible]	[illegible]	[illegible]	[illegible]	[illegible]	[illegible]	[illegible]	[illegible]	[illegible]	[illegible]	[illegible]	[illegible]	[illegible]

第九章

【原文】

𑖨𑖿𑖎𑖿𑖧阿勒已也、𑖨𑖿𑖎𑖿𑖧𑖯[1]阿勒枳耶。[2]

【译文】

第九章以𑖨的半体𑖨𑖿加于第二章各字之上构成。以𑖎为例，𑖎上接𑖨，再下接𑖧，形成复合体文𑖨𑖿𑖎𑖿𑖧；再以𑖨𑖿𑖎𑖿𑖧呼十二韵，就生成了𑖨𑖿𑖎𑖿𑖧阿勒已也、𑖨𑖿𑖎𑖿𑖧𑖯阿勒枳耶等十二个悉昙梵字。

【注解】

1．𑖨𑖿𑖎𑖿𑖧、𑖨𑖿𑖎𑖿𑖧𑖯：𑖨𑖿𑖎𑖿𑖧 =𑖨+𑖎+𑖧+𑖀；𑖨𑖿𑖎𑖿𑖧𑖯= 𑖨+𑖎+𑖧+ 𑖁。其他字构成依此类推。

2. 这两个字发音的拉丁字母注音如下：𑖨𑖿𑖎𑖿𑖧（rkya）、𑖨𑖿𑖎𑖿𑖧𑖯（rkyā）。这两个字是第九章的生字体文序列中第一个体文𑖎衍生出的头两个悉昙梵字。这一章总共衍生三百八十四个字(见表 19)。

表 19　悉昙第九章三百八十四字

生字体文序列	第九章衍生字											
𑖎	𑖨𑖿𑖎𑖿𑖧	𑖨𑖿𑖎𑖿𑖧𑖯	𑖨𑖿𑖎𑖿𑖧𑖰	𑖨𑖿𑖎𑖿𑖧𑖱	𑖨𑖿𑖎𑖿𑖧𑖲	𑖨𑖿𑖎𑖿𑖧𑖳	𑖨𑖿𑖎𑖿𑖧𑖸	𑖨𑖿𑖎𑖿𑖧𑖹	𑖨𑖿𑖎𑖿𑖧𑖺	𑖨𑖿𑖎𑖿𑖧𑖻	𑖨𑖿𑖎𑖿𑖧𑖽	𑖨𑖿𑖎𑖿𑖧𑖾
𑖏	𑖨𑖿𑖏𑖿𑖧	𑖨𑖿𑖏𑖿𑖧𑖯	𑖨𑖿𑖏𑖿𑖧𑖰	𑖨𑖿𑖏𑖿𑖧𑖱	𑖨𑖿𑖏𑖿𑖧𑖲	𑖨𑖿𑖏𑖿𑖧𑖳	𑖨𑖿𑖏𑖿𑖧𑖸	𑖨𑖿𑖏𑖿𑖧𑖹	𑖨𑖿𑖏𑖿𑖧𑖺	𑖨𑖿𑖏𑖿𑖧𑖻	𑖨𑖿𑖏𑖿𑖧𑖽	𑖨𑖿𑖏𑖿𑖧𑖾

续表

生字体文序列	第九章衍生字											
𑖐	[illegible]	[illegible]	[illegible]	[illegible]	[illegible]	[illegible]	[illegible]	[illegible]	[illegible]	[illegible]	[illegible]	[illegible]
𑖑	[illegible]	[illegible]	[illegible]	[illegible]	[illegible]	[illegible]	[illegible]	[illegible]	[illegible]	[illegible]	[illegible]	[illegible]
𑖒	[illegible]	[illegible]	[illegible]	[illegible]	[illegible]	[illegible]	[illegible]	[illegible]	[illegible]	[illegible]	[illegible]	[illegible]
𑖓	[illegible]	[illegible]	[illegible]	[illegible]	[illegible]	[illegible]	[illegible]	[illegible]	[illegible]	[illegible]	[illegible]	[illegible]
𑖔	[illegible]	[illegible]	[illegible]	[illegible]	[illegible]	[illegible]	[illegible]	[illegible]	[illegible]	[illegible]	[illegible]	[illegible]
𑖕	[illegible]	[illegible]	[illegible]	[illegible]	[illegible]	[illegible]	[illegible]	[illegible]	[illegible]	[illegible]	[illegible]	[illegible]
𑖖	[illegible]	[illegible]	[illegible]	[illegible]	[illegible]	[illegible]	[illegible]	[illegible]	[illegible]	[illegible]	[illegible]	[illegible]
𑖗	[illegible]	[illegible]	[illegible]	[illegible]	[illegible]	[illegible]	[illegible]	[illegible]	[illegible]	[illegible]	[illegible]	[illegible]
𑖘	[illegible]	[illegible]	[illegible]	[illegible]	[illegible]	[illegible]	[illegible]	[illegible]	[illegible]	[illegible]	[illegible]	[illegible]
𑖙	[illegible]	[illegible]	[illegible]	[illegible]	[illegible]	[illegible]	[illegible]	[illegible]	[illegible]	[illegible]	[illegible]	[illegible]
𑖚	[illegible]	[illegible]	[illegible]	[illegible]	[illegible]	[illegible]	[illegible]	[illegible]	[illegible]	[illegible]	[illegible]	[illegible]
𑖛	[illegible]	[illegible]	[illegible]	[illegible]	[illegible]	[illegible]	[illegible]	[illegible]	[illegible]	[illegible]	[illegible]	[illegible]
𑖜	[illegible]	[illegible]	[illegible]	[illegible]	[illegible]	[illegible]	[illegible]	[illegible]	[illegible]	[illegible]	[illegible]	[illegible]
𑖝	[illegible]	[illegible]	[illegible]	[illegible]	[illegible]	[illegible]	[illegible]	[illegible]	[illegible]	[illegible]	[illegible]	[illegible]
𑖞	[illegible]	[illegible]	[illegible]	[illegible]	[illegible]	[illegible]	[illegible]	[illegible]	[illegible]	[illegible]	[illegible]	[illegible]
𑖟	[illegible]	[illegible]	[illegible]	[illegible]	[illegible]	[illegible]	[illegible]	[illegible]	[illegible]	[illegible]	[illegible]	[illegible]
𑖠	[illegible]	[illegible]	[illegible]	[illegible]	[illegible]	[illegible]	[illegible]	[illegible]	[illegible]	[illegible]	[illegible]	[illegible]
𑖡	[illegible]	[illegible]	[illegible]	[illegible]	[illegible]	[illegible]	[illegible]	[illegible]	[illegible]	[illegible]	[illegible]	[illegible]
𑖢	[illegible]	[illegible]	[illegible]	[illegible]	[illegible]	[illegible]	[illegible]	[illegible]	[illegible]	[illegible]	[illegible]	[illegible]
𑖣	[illegible]	[illegible]	[illegible]	[illegible]	[illegible]	[illegible]	[illegible]	[illegible]	[illegible]	[illegible]	[illegible]	[illegible]
𑖤	[illegible]	[illegible]	[illegible]	[illegible]	[illegible]	[illegible]	[illegible]	[illegible]	[illegible]	[illegible]	[illegible]	[illegible]
𑖥	[illegible]	[illegible]	[illegible]	[illegible]	[illegible]	[illegible]	[illegible]	[illegible]	[illegible]	[illegible]	[illegible]	[illegible]
𑖦	[illegible]	[illegible]	[illegible]	[illegible]	[illegible]	[illegible]	[illegible]	[illegible]	[illegible]	[illegible]	[illegible]	[illegible]
𑖧	当体重，剔除											
𑖨	当体重，剔除											
𑖩	[illegible]	[illegible]	[illegible]	[illegible]	[illegible]	[illegible]	[illegible]	[illegible]	[illegible]	[illegible]	[illegible]	[illegible]
𑖪	[illegible]	[illegible]	[illegible]	[illegible]	[illegible]	[illegible]	[illegible]	[illegible]	[illegible]	[illegible]	[illegible]	[illegible]
𑖫	[illegible]	[illegible]	[illegible]	[illegible]	[illegible]	[illegible]	[illegible]	[illegible]	[illegible]	[illegible]	[illegible]	[illegible]
𑖬	[illegible]	[illegible]	[illegible]	[illegible]	[illegible]	[illegible]	[illegible]	[illegible]	[illegible]	[illegible]	[illegible]	[illegible]
𑖭	[illegible]	[illegible]	[illegible]	[illegible]	[illegible]	[illegible]	[illegible]	[illegible]	[illegible]	[illegible]	[illegible]	[illegible]

续表

生字体文序列	第九章衍生字											
[illegible]	[illegible]	[illegible]	[illegible]	[illegible]	[illegible]	[illegible]	[illegible]	[illegible]	[illegible]	[illegible]	[illegible]	[illegible]
[illegible]	全不生字，剔除											
[illegible]	[illegible]	[illegible]	[illegible]	[illegible]	[illegible]	[illegible]	[illegible]	[illegible]	[illegible]	[illegible]	[illegible]	[illegible]

第十章

【原文】

[illegible][1]阿勒迦略上、[illegible]阿勒迦啰。[2]

【译文】

第十章以[illegible]的半体[illegible]加于第三章各字之上构成。如第三章的第一个字为[illegible]，[illegible]上接[illegible]形成复合体文[illegible]；以[illegible]呼十二韵，就生成了[illegible]阿勒迦略上、[illegible]阿勒迦啰等十二个悉昙梵字。

【注解】

1. [illegible]：[illegible]是[illegible]的上半体，[illegible]是第三章的第一个字。

2. 这两个字发音的拉丁字母注音如下：[illegible]（rkra）、[illegible]（rkrā），这两个字是由第九章生字体文序列中的第一个体文衍生出的头两个悉昙梵字；这一章总共衍生三百九十六个字（见表 20）。

表 20　悉昙第十章三百九十六字

生字体文序列	第十章衍生字											
𑖎	[illegible]	[illegible]	[illegible]	[illegible]	[illegible]	[illegible]	[illegible]	[illegible]	[illegible]	[illegible]	[illegible]	[illegible]
𑖏	[illegible]	[illegible]	[illegible]	[illegible]	[illegible]	[illegible]	[illegible]	[illegible]	[illegible]	[illegible]	[illegible]	[illegible]
𑖐	[illegible]	[illegible]	[illegible]	[illegible]	[illegible]	[illegible]	[illegible]	[illegible]	[illegible]	[illegible]	[illegible]	[illegible]
𑖑	[illegible]	[illegible]	[illegible]	[illegible]	[illegible]	[illegible]	[illegible]	[illegible]	[illegible]	[illegible]	[illegible]	[illegible]
𑖒	[illegible]	[illegible]	[illegible]	[illegible]	[illegible]	[illegible]	[illegible]	[illegible]	[illegible]	[illegible]	[illegible]	[illegible]
𑖓	[illegible]	[illegible]	[illegible]	[illegible]	[illegible]	[illegible]	[illegible]	[illegible]	[illegible]	[illegible]	[illegible]	[illegible]
𑖔	[illegible]	[illegible]	[illegible]	[illegible]	[illegible]	[illegible]	[illegible]	[illegible]	[illegible]	[illegible]	[illegible]	[illegible]
𑖕	[illegible]	[illegible]	[illegible]	[illegible]	[illegible]	[illegible]	[illegible]	[illegible]	[illegible]	[illegible]	[illegible]	[illegible]
𑖖	[illegible]	[illegible]	[illegible]	[illegible]	[illegible]	[illegible]	[illegible]	[illegible]	[illegible]	[illegible]	[illegible]	[illegible]
𑖗	[illegible]	[illegible]	[illegible]	[illegible]	[illegible]	[illegible]	[illegible]	[illegible]	[illegible]	[illegible]	[illegible]	[illegible]
𑖘	[illegible]	[illegible]	[illegible]	[illegible]	[illegible]	[illegible]	[illegible]	[illegible]	[illegible]	[illegible]	[illegible]	[illegible]
𑖙	[illegible]	[illegible]	[illegible]	[illegible]	[illegible]	[illegible]	[illegible]	[illegible]	[illegible]	[illegible]	[illegible]	[illegible]
𑖚	[illegible]	[illegible]	[illegible]	[illegible]	[illegible]	[illegible]	[illegible]	[illegible]	[illegible]	[illegible]	[illegible]	[illegible]
𑖛	[illegible]	[illegible]	[illegible]	[illegible]	[illegible]	[illegible]	[illegible]	[illegible]	[illegible]	[illegible]	[illegible]	[illegible]
𑖜	[illegible]	[illegible]	[illegible]	[illegible]	[illegible]	[illegible]	[illegible]	[illegible]	[illegible]	[illegible]	[illegible]	[illegible]
𑖝	[illegible]	[illegible]	[illegible]	[illegible]	[illegible]	[illegible]	[illegible]	[illegible]	[illegible]	[illegible]	[illegible]	[illegible]
𑖞	[illegible]	[illegible]	[illegible]	[illegible]	[illegible]	[illegible]	[illegible]	[illegible]	[illegible]	[illegible]	[illegible]	[illegible]
𑖟	[illegible]	[illegible]	[illegible]	[illegible]	[illegible]	[illegible]	[illegible]	[illegible]	[illegible]	[illegible]	[illegible]	[illegible]
𑖠	[illegible]	[illegible]	[illegible]	[illegible]	[illegible]	[illegible]	[illegible]	[illegible]	[illegible]	[illegible]	[illegible]	[illegible]
𑖡	[illegible]	[illegible]	[illegible]	[illegible]	[illegible]	[illegible]	[illegible]	[illegible]	[illegible]	[illegible]	[illegible]	[illegible]
𑖢	[illegible]	[illegible]	[illegible]	[illegible]	[illegible]	[illegible]	[illegible]	[illegible]	[illegible]	[illegible]	[illegible]	[illegible]
𑖣	[illegible]	[illegible]	[illegible]	[illegible]	[illegible]	[illegible]	[illegible]	[illegible]	[illegible]	[illegible]	[illegible]	[illegible]
𑖤	[illegible]	[illegible]	[illegible]	[illegible]	[illegible]	[illegible]	[illegible]	[illegible]	[illegible]	[illegible]	[illegible]	[illegible]
𑖥	[illegible]	[illegible]	[illegible]	[illegible]	[illegible]	[illegible]	[illegible]	[illegible]	[illegible]	[illegible]	[illegible]	[illegible]
𑖦	[illegible]	[illegible]	[illegible]	[illegible]	[illegible]	[illegible]	[illegible]	[illegible]	[illegible]	[illegible]	[illegible]	[illegible]
𑖧	[illegible]	[illegible]	[illegible]	[illegible]	[illegible]	[illegible]	[illegible]	[illegible]	[illegible]	[illegible]	[illegible]	[illegible]
𑖨	当体重，剔除											
𑖩	[illegible]	[illegible]	[illegible]	[illegible]	[illegible]	[illegible]	[illegible]	[illegible]	[illegible]	[illegible]	[illegible]	[illegible]
𑖪	[illegible]	[illegible]	[illegible]	[illegible]	[illegible]	[illegible]	[illegible]	[illegible]	[illegible]	[illegible]	[illegible]	[illegible]
𑖫	[illegible]	[illegible]	[illegible]	[illegible]	[illegible]	[illegible]	[illegible]	[illegible]	[illegible]	[illegible]	[illegible]	[illegible]

续表

生字体文序列	第十章衍生字											
[illegible]	[illegible]	[illegible]	[illegible]	[illegible]	[illegible]	[illegible]	[illegible]	[illegible]	[illegible]	[illegible]	[illegible]	[illegible]
[illegible]	[illegible]	[illegible]	[illegible]	[illegible]	[illegible]	[illegible]	[illegible]	[illegible]	[illegible]	[illegible]	[illegible]	[illegible]
[illegible]	[illegible]	[illegible]	[illegible]	[illegible]	[illegible]	[illegible]	[illegible]	[illegible]	[illegible]	[illegible]	[illegible]	[illegible]
[illegible]	全不生字											
[illegible]	[illegible]	[illegible]	[illegible]	[illegible]	[illegible]	[illegible]	[illegible]	[illegible]	[illegible]	[illegible]	[illegible]	[illegible]

第十一章

【原文】

[illegible][1]阿勒迦攞、[illegible]阿勒迦攞。[2]

【译文】

第十一章由[illegible]的半体[illegible]加于第四章各字之上构成。如第四章的第一个字[illegible]，[illegible]上接[illegible]的半体[illegible]形成的复合体文为[illegible]；再以[illegible]呼十二韵就生成了[illegible]阿勒迦攞、[illegible]阿勒迦攞等十二个字。

【注解】

1. [illegible]：[illegible]是[illegible]的上半体，[illegible]是第四章的第一个字。

2. 这两个字发音的拉丁字母注音如下：[illegible](rkla)、[illegible](rklā)，这两个字是由第十一章的生字体文序列中的第一个字衍生的头两个悉昙梵字；这一章总共衍生三百八十四个字(见表 21)。

表 21　悉昙第十一章三百八十四字

生字体文序列	第十一章衍生字											
𑖎	[illegible]	[illegible]	[illegible]	[illegible]	[illegible]	[illegible]	[illegible]	[illegible]	[illegible]	[illegible]	[illegible]	[illegible]
𑖏	[illegible]	[illegible]	[illegible]	[illegible]	[illegible]	[illegible]	[illegible]	[illegible]	[illegible]	[illegible]	[illegible]	[illegible]
𑖐	[illegible]	[illegible]	[illegible]	[illegible]	[illegible]	[illegible]	[illegible]	[illegible]	[illegible]	[illegible]	[illegible]	[illegible]
𑖑	[illegible]	[illegible]	[illegible]	[illegible]	[illegible]	[illegible]	[illegible]	[illegible]	[illegible]	[illegible]	[illegible]	[illegible]
𑖒	[illegible]	[illegible]	[illegible]	[illegible]	[illegible]	[illegible]	[illegible]	[illegible]	[illegible]	[illegible]	[illegible]	[illegible]
𑖓	[illegible]	[illegible]	[illegible]	[illegible]	[illegible]	[illegible]	[illegible]	[illegible]	[illegible]	[illegible]	[illegible]	[illegible]
𑖔	[illegible]	[illegible]	[illegible]	[illegible]	[illegible]	[illegible]	[illegible]	[illegible]	[illegible]	[illegible]	[illegible]	[illegible]
𑖕	[illegible]	[illegible]	[illegible]	[illegible]	[illegible]	[illegible]	[illegible]	[illegible]	[illegible]	[illegible]	[illegible]	[illegible]
𑖖	[illegible]	[illegible]	[illegible]	[illegible]	[illegible]	[illegible]	[illegible]	[illegible]	[illegible]	[illegible]	[illegible]	[illegible]
𑖗	[illegible]	[illegible]	[illegible]	[illegible]	[illegible]	[illegible]	[illegible]	[illegible]	[illegible]	[illegible]	[illegible]	[illegible]
𑖘	[illegible]	[illegible]	[illegible]	[illegible]	[illegible]	[illegible]	[illegible]	[illegible]	[illegible]	[illegible]	[illegible]	[illegible]
𑖙	[illegible]	[illegible]	[illegible]	[illegible]	[illegible]	[illegible]	[illegible]	[illegible]	[illegible]	[illegible]	[illegible]	[illegible]
𑖚	[illegible]	[illegible]	[illegible]	[illegible]	[illegible]	[illegible]	[illegible]	[illegible]	[illegible]	[illegible]	[illegible]	[illegible]
𑖛	[illegible]	[illegible]	[illegible]	[illegible]	[illegible]	[illegible]	[illegible]	[illegible]	[illegible]	[illegible]	[illegible]	[illegible]
𑖜	[illegible]	[illegible]	[illegible]	[illegible]	[illegible]	[illegible]	[illegible]	[illegible]	[illegible]	[illegible]	[illegible]	[illegible]
𑖝	[illegible]	[illegible]	[illegible]	[illegible]	[illegible]	[illegible]	[illegible]	[illegible]	[illegible]	[illegible]	[illegible]	[illegible]
𑖞	[illegible]	[illegible]	[illegible]	[illegible]	[illegible]	[illegible]	[illegible]	[illegible]	[illegible]	[illegible]	[illegible]	[illegible]
𑖟	[illegible]	[illegible]	[illegible]	[illegible]	[illegible]	[illegible]	[illegible]	[illegible]	[illegible]	[illegible]	[illegible]	[illegible]
𑖠	[illegible]	[illegible]	[illegible]	[illegible]	[illegible]	[illegible]	[illegible]	[illegible]	[illegible]	[illegible]	[illegible]	[illegible]
𑖡	[illegible]	[illegible]	[illegible]	[illegible]	[illegible]	[illegible]	[illegible]	[illegible]	[illegible]	[illegible]	[illegible]	[illegible]
𑖢	[illegible]	[illegible]	[illegible]	[illegible]	[illegible]	[illegible]	[illegible]	[illegible]	[illegible]	[illegible]	[illegible]	[illegible]
𑖣	[illegible]	[illegible]	[illegible]	[illegible]	[illegible]	[illegible]	[illegible]	[illegible]	[illegible]	[illegible]	[illegible]	[illegible]
𑖤	[illegible]	[illegible]	[illegible]	[illegible]	[illegible]	[illegible]	[illegible]	[illegible]	[illegible]	[illegible]	[illegible]	[illegible]
𑖥	[illegible]	[illegible]	[illegible]	[illegible]	[illegible]	[illegible]	[illegible]	[illegible]	[illegible]	[illegible]	[illegible]	[illegible]
𑖦	[illegible]	[illegible]	[illegible]	[illegible]	[illegible]	[illegible]	[illegible]	[illegible]	[illegible]	[illegible]	[illegible]	[illegible]
𑖧	[illegible]	[illegible]	[illegible]	[illegible]	[illegible]	[illegible]	[illegible]	[illegible]	[illegible]	[illegible]	[illegible]	[illegible]
𑖨	当体重，剔除											
𑖩	当体重，剔除											
𑖪	[illegible]	[illegible]	[illegible]	[illegible]	[illegible]	[illegible]	[illegible]	[illegible]	[illegible]	[illegible]	[illegible]	[illegible]
𑖫	[illegible]	[illegible]	[illegible]	[illegible]	[illegible]	[illegible]	[illegible]	[illegible]	[illegible]	[illegible]	[illegible]	[illegible]

续表

生字体文序列	第十一章衍生字											
[illegible]	[illegible]	[illegible]	[illegible]	[illegible]	[illegible]	[illegible]	[illegible]	[illegible]	[illegible]	[illegible]	[illegible]	[illegible]
[illegible]	[illegible]	[illegible]	[illegible]	[illegible]	[illegible]	[illegible]	[illegible]	[illegible]	[illegible]	[illegible]	[illegible]	[illegible]
[illegible]	[illegible]	[illegible]	[illegible]	[illegible]	[illegible]	[illegible]	[illegible]	[illegible]	[illegible]	[illegible]	[illegible]	[illegible]
[illegible]	全不生字											
[illegible]	[illegible]	[illegible]	[illegible]	[illegible]	[illegible]	[illegible]	[illegible]	[illegible]	[illegible]	[illegible]	[illegible]	[illegible]

第十二章

【原文】

𑖨𑖿𑖎𑖿𑖪[1]阿勒迦嚩上、𑖨𑖿𑖎𑖿𑖪𑖯阿勒迦嚩平[2]

【译文】

第十二章以𑖨的半体[illegible]加于第五章各字之上构成。如第五章的第一个字𑖎𑖿𑖪，在𑖎𑖿𑖪的上面加上𑖨的半体[illegible]形成复合体文𑖨𑖿𑖎𑖿𑖪，以𑖨𑖿𑖎𑖿𑖪呼十二韵就衍生出𑖨𑖿𑖎𑖿𑖪阿勒迦嚩上、𑖨𑖿𑖎𑖿𑖪𑖯阿勒迦嚩平等十二个字。

【注解】

1．𑖨𑖿𑖎𑖿𑖪：𑖎𑖿𑖪是第五章的第一个字，[illegible]是𑖨的上半体。

2．这两个字发音的拉丁字母注音如下：𑖨𑖿𑖎𑖿𑖪(rkva)、𑖨𑖿𑖎𑖿𑖪𑖯(rkvā)。这两个字是由第十二章生字体文序列中的第一个体文衍生的头两个悉昙梵字；这一章总共衍生三百八十四个字(见表 22)。

表 22　悉昙第十二章三百八十四字

生字体文序列	第十二章衍生字											
𑖎	[illegible]	[illegible]	[illegible]	[illegible]	[illegible]	[illegible]	[illegible]	[illegible]	[illegible]	[illegible]	[illegible]	[illegible]
𑖏	[illegible]	[illegible]	[illegible]	[illegible]	[illegible]	[illegible]	[illegible]	[illegible]	[illegible]	[illegible]	[illegible]	[illegible]
𑖐	[illegible]	[illegible]	[illegible]	[illegible]	[illegible]	[illegible]	[illegible]	[illegible]	[illegible]	[illegible]	[illegible]	[illegible]
𑖑	[illegible]	[illegible]	[illegible]	[illegible]	[illegible]	[illegible]	[illegible]	[illegible]	[illegible]	[illegible]	[illegible]	[illegible]
𑖒	[illegible]	[illegible]	[illegible]	[illegible]	[illegible]	[illegible]	[illegible]	[illegible]	[illegible]	[illegible]	[illegible]	[illegible]
𑖓	[illegible]	[illegible]	[illegible]	[illegible]	[illegible]	[illegible]	[illegible]	[illegible]	[illegible]	[illegible]	[illegible]	[illegible]
𑖔	[illegible]	[illegible]	[illegible]	[illegible]	[illegible]	[illegible]	[illegible]	[illegible]	[illegible]	[illegible]	[illegible]	[illegible]
𑖕	[illegible]	[illegible]	[illegible]	[illegible]	[illegible]	[illegible]	[illegible]	[illegible]	[illegible]	[illegible]	[illegible]	[illegible]
𑖖	[illegible]	[illegible]	[illegible]	[illegible]	[illegible]	[illegible]	[illegible]	[illegible]	[illegible]	[illegible]	[illegible]	[illegible]
𑖗	[illegible]	[illegible]	[illegible]	[illegible]	[illegible]	[illegible]	[illegible]	[illegible]	[illegible]	[illegible]	[illegible]	[illegible]
𑖘	[illegible]	[illegible]	[illegible]	[illegible]	[illegible]	[illegible]	[illegible]	[illegible]	[illegible]	[illegible]	[illegible]	[illegible]
𑖙	[illegible]	[illegible]	[illegible]	[illegible]	[illegible]	[illegible]	[illegible]	[illegible]	[illegible]	[illegible]	[illegible]	[illegible]
𑖚	[illegible]	[illegible]	[illegible]	[illegible]	[illegible]	[illegible]	[illegible]	[illegible]	[illegible]	[illegible]	[illegible]	[illegible]
𑖛	[illegible]	[illegible]	[illegible]	[illegible]	[illegible]	[illegible]	[illegible]	[illegible]	[illegible]	[illegible]	[illegible]	[illegible]
𑖜	[illegible]	[illegible]	[illegible]	[illegible]	[illegible]	[illegible]	[illegible]	[illegible]	[illegible]	[illegible]	[illegible]	[illegible]
𑖝	[illegible]	[illegible]	[illegible]	[illegible]	[illegible]	[illegible]	[illegible]	[illegible]	[illegible]	[illegible]	[illegible]	[illegible]
𑖞	[illegible]	[illegible]	[illegible]	[illegible]	[illegible]	[illegible]	[illegible]	[illegible]	[illegible]	[illegible]	[illegible]	[illegible]
𑖟	[illegible]	[illegible]	[illegible]	[illegible]	[illegible]	[illegible]	[illegible]	[illegible]	[illegible]	[illegible]	[illegible]	[illegible]
𑖠	[illegible]	[illegible]	[illegible]	[illegible]	[illegible]	[illegible]	[illegible]	[illegible]	[illegible]	[illegible]	[illegible]	[illegible]
𑖡	[illegible]	[illegible]	[illegible]	[illegible]	[illegible]	[illegible]	[illegible]	[illegible]	[illegible]	[illegible]	[illegible]	[illegible]
𑖢	[illegible]	[illegible]	[illegible]	[illegible]	[illegible]	[illegible]	[illegible]	[illegible]	[illegible]	[illegible]	[illegible]	[illegible]
𑖣	[illegible]	[illegible]	[illegible]	[illegible]	[illegible]	[illegible]	[illegible]	[illegible]	[illegible]	[illegible]	[illegible]	[illegible]
𑖤	[illegible]	[illegible]	[illegible]	[illegible]	[illegible]	[illegible]	[illegible]	[illegible]	[illegible]	[illegible]	[illegible]	[illegible]
𑖥	[illegible]	[illegible]	[illegible]	[illegible]	[illegible]	[illegible]	[illegible]	[illegible]	[illegible]	[illegible]	[illegible]	[illegible]
𑖦	[illegible]	[illegible]	[illegible]	[illegible]	[illegible]	[illegible]	[illegible]	[illegible]	[illegible]	[illegible]	[illegible]	[illegible]
𑖧	当体重，剔除											
𑖨	[illegible]	[illegible]	[illegible]	[illegible]	[illegible]	[illegible]	[illegible]	[illegible]	[illegible]	[illegible]	[illegible]	[illegible]
𑖪	当体重，剔除											

续表

生字体文序列	第十二章衍生字											
[illegible]	[illegible]	[illegible]	[illegible]	[illegible]	[illegible]	[illegible]	[illegible]	[illegible]	[illegible]	[illegible]	[illegible]	[illegible]
[illegible]	[illegible]	[illegible]	[illegible]	[illegible]	[illegible]	[illegible]	[illegible]	[illegible]	[illegible]	[illegible]	[illegible]	[illegible]
[illegible]	[illegible]	[illegible]	[illegible]	[illegible]	[illegible]	[illegible]	[illegible]	[illegible]	[illegible]	[illegible]	[illegible]	[illegible]
[illegible]	[illegible]	[illegible]	[illegible]	[illegible]	[illegible]	[illegible]	[illegible]	[illegible]	[illegible]	[illegible]	[illegible]	[illegible]
[illegible]	全不生字											
[illegible]	[illegible]	[illegible]	[illegible]	[illegible]	[illegible]	[illegible]	[illegible]	[illegible]	[illegible]	[illegible]	[illegible]	[illegible]

第十三章

【原文】

𑖨𑖿𑖎𑖿𑖦[1]阿勒迦麼、𑖨𑖿𑖎𑖿𑖦𑖯阿勒迦麼。[2]

【译文】

第十三章以𑖨的半体[illegible]加于第六章各字之上构成。以第六章的第一个字𑖎𑖿𑖦为例，以[illegible]加于𑖎𑖿𑖦之上形成复合体文𑖨𑖿𑖎𑖿𑖦，以𑖨𑖿𑖎𑖿𑖦呼十二韵就衍生出𑖨𑖿𑖎𑖿𑖦阿勒迦麼、𑖨𑖿𑖎𑖿𑖦𑖯阿勒迦麼等十二个悉昙梵字。

【注解】

1．𑖨𑖿𑖎𑖿𑖦：𑖎𑖿𑖦是第六章的第一个字，[illegible]是𑖨的上半体。

2．这两个字的拉丁字母注音为：𑖨𑖿𑖎𑖿𑖦（rkma）、𑖨𑖿𑖎𑖿𑖦𑖯（rkmā），这两个字是由第十三章生字体文序列中的第一个体文衍生的头两个悉昙梵字；这一章总共衍生三百八十四个字(见表 23)。

表 23　悉昙第十三章三百八十四字

生字体文序列	第十三章衍生字											
𑖎	[illegible]	[illegible]	[illegible]	[illegible]	[illegible]	[illegible]	[illegible]	[illegible]	[illegible]	[illegible]	[illegible]	[illegible]
𑖏	[illegible]	[illegible]	[illegible]	[illegible]	[illegible]	[illegible]	[illegible]	[illegible]	[illegible]	[illegible]	[illegible]	[illegible]
𑖐	[illegible]	[illegible]	[illegible]	[illegible]	[illegible]	[illegible]	[illegible]	[illegible]	[illegible]	[illegible]	[illegible]	[illegible]
𑖑	[illegible]	[illegible]	[illegible]	[illegible]	[illegible]	[illegible]	[illegible]	[illegible]	[illegible]	[illegible]	[illegible]	[illegible]
𑖒	[illegible]	[illegible]	[illegible]	[illegible]	[illegible]	[illegible]	[illegible]	[illegible]	[illegible]	[illegible]	[illegible]	[illegible]
𑖓	[illegible]	[illegible]	[illegible]	[illegible]	[illegible]	[illegible]	[illegible]	[illegible]	[illegible]	[illegible]	[illegible]	[illegible]
𑖔	[illegible]	[illegible]	[illegible]	[illegible]	[illegible]	[illegible]	[illegible]	[illegible]	[illegible]	[illegible]	[illegible]	[illegible]
𑖕	[illegible]	[illegible]	[illegible]	[illegible]	[illegible]	[illegible]	[illegible]	[illegible]	[illegible]	[illegible]	[illegible]	[illegible]
𑖖	[illegible]	[illegible]	[illegible]	[illegible]	[illegible]	[illegible]	[illegible]	[illegible]	[illegible]	[illegible]	[illegible]	[illegible]
𑖗	[illegible]	[illegible]	[illegible]	[illegible]	[illegible]	[illegible]	[illegible]	[illegible]	[illegible]	[illegible]	[illegible]	[illegible]
𑖘	[illegible]	[illegible]	[illegible]	[illegible]	[illegible]	[illegible]	[illegible]	[illegible]	[illegible]	[illegible]	[illegible]	[illegible]
𑖙	[illegible]	[illegible]	[illegible]	[illegible]	[illegible]	[illegible]	[illegible]	[illegible]	[illegible]	[illegible]	[illegible]	[illegible]
𑖚	[illegible]	[illegible]	[illegible]	[illegible]	[illegible]	[illegible]	[illegible]	[illegible]	[illegible]	[illegible]	[illegible]	[illegible]
𑖛	[illegible]	[illegible]	[illegible]	[illegible]	[illegible]	[illegible]	[illegible]	[illegible]	[illegible]	[illegible]	[illegible]	[illegible]
𑖜	[illegible]	[illegible]	[illegible]	[illegible]	[illegible]	[illegible]	[illegible]	[illegible]	[illegible]	[illegible]	[illegible]	[illegible]
𑖝	[illegible]	[illegible]	[illegible]	[illegible]	[illegible]	[illegible]	[illegible]	[illegible]	[illegible]	[illegible]	[illegible]	[illegible]
𑖞	[illegible]	[illegible]	[illegible]	[illegible]	[illegible]	[illegible]	[illegible]	[illegible]	[illegible]	[illegible]	[illegible]	[illegible]
𑖟	[illegible]	[illegible]	[illegible]	[illegible]	[illegible]	[illegible]	[illegible]	[illegible]	[illegible]	[illegible]	[illegible]	[illegible]
𑖠	[illegible]	[illegible]	[illegible]	[illegible]	[illegible]	[illegible]	[illegible]	[illegible]	[illegible]	[illegible]	[illegible]	[illegible]
𑖡	[illegible]	[illegible]	[illegible]	[illegible]	[illegible]	[illegible]	[illegible]	[illegible]	[illegible]	[illegible]	[illegible]	[illegible]
𑖢	[illegible]	[illegible]	[illegible]	[illegible]	[illegible]	[illegible]	[illegible]	[illegible]	[illegible]	[illegible]	[illegible]	[illegible]
𑖣	[illegible]	[illegible]	[illegible]	[illegible]	[illegible]	[illegible]	[illegible]	[illegible]	[illegible]	[illegible]	[illegible]	[illegible]
𑖤	[illegible]	[illegible]	[illegible]	[illegible]	[illegible]	[illegible]	[illegible]	[illegible]	[illegible]	[illegible]	[illegible]	[illegible]
𑖥	[illegible]	[illegible]	[illegible]	[illegible]	[illegible]	[illegible]	[illegible]	[illegible]	[illegible]	[illegible]	[illegible]	[illegible]
𑖦	当体重，剔除											
𑖧	[illegible]	[illegible]	[illegible]	[illegible]	[illegible]	[illegible]	[illegible]	[illegible]	[illegible]	[illegible]	[illegible]	[illegible]
𑖨	当体重，剔除											
𑖩	[illegible]	[illegible]	[illegible]	[illegible]	[illegible]	[illegible]	[illegible]	[illegible]	[illegible]	[illegible]	[illegible]	[illegible]
𑖪	[illegible]	[illegible]	[illegible]	[illegible]	[illegible]	[illegible]	[illegible]	[illegible]	[illegible]	[illegible]	[illegible]	[illegible]

续表

生字体文序列	第十三章衍生字											
[illegible]	[illegible]	[illegible]	[illegible]	[illegible]	[illegible]	[illegible]	[illegible]	[illegible]	[illegible]	[illegible]	[illegible]	[illegible]
[illegible]	[illegible]	[illegible]	[illegible]	[illegible]	[illegible]	[illegible]	[illegible]	[illegible]	[illegible]	[illegible]	[illegible]	[illegible]
[illegible]	[illegible]	[illegible]	[illegible]	[illegible]	[illegible]	[illegible]	[illegible]	[illegible]	[illegible]	[illegible]	[illegible]	[illegible]
[illegible]	[illegible]	[illegible]	[illegible]	[illegible]	[illegible]	[illegible]	[illegible]	[illegible]	[illegible]	[illegible]	[illegible]	[illegible]
[illegible]	全不生字，剔除											
[illegible]	[illegible]	[illegible]	[illegible]	[illegible]	[illegible]	[illegible]	[illegible]	[illegible]	[illegible]	[illegible]	[illegible]	[illegible]

第十四章

【原文】

𑖨𑖿𑖎𑖿𑖡[1]阿勒迦娜、𑖨𑖿𑖎𑖿𑖡𑖯阿勒迦娜。[2]

【译文】

第十四章是以𑖨的半体𑖨𑖿加于第七章各字之上构成。如第七章的第一个字为𑖎𑖿𑖡，𑖎𑖿𑖡上接𑖨𑖿形成复合体文𑖨𑖿𑖎𑖿𑖡；以𑖨𑖿𑖎𑖿𑖡呼十二韵就衍生出𑖨𑖿𑖎𑖿𑖡阿勒迦娜、𑖨𑖿𑖎𑖿𑖡𑖯阿勒迦娜等十二个悉昙梵字。

【注解】

1．𑖨𑖿𑖎𑖿𑖡：𑖎𑖿𑖡是第七章的第一个字，𑖨𑖿是𑖨的上半体。

2．这两个字的拉丁字母注音如下：𑖨𑖿𑖎𑖿𑖡（rkna）、𑖨𑖿𑖎𑖿𑖡𑖯（rknā）。

这两个字是由第十四章生字体文序列中的第一个体文衍生的头两个悉昙梵字；这一章总共衍生三百八十四个字(见表 24)。

表 24　悉昙第十四章三百八十四字

生字体文序列	第十四章衍生字											
[illegible]	[illegible]	[illegible]	[illegible]	[illegible]	[illegible]	[illegible]	[illegible]	[illegible]	[illegible]	[illegible]	[illegible]	[illegible]
[illegible]	[illegible]	[illegible]	[illegible]	[illegible]	[illegible]	[illegible]	[illegible]	[illegible]	[illegible]	[illegible]	[illegible]	[illegible]
[illegible]	[illegible]	[illegible]	[illegible]	[illegible]	[illegible]	[illegible]	[illegible]	[illegible]	[illegible]	[illegible]	[illegible]	[illegible]
[illegible]	[illegible]	[illegible]	[illegible]	[illegible]	[illegible]	[illegible]	[illegible]	[illegible]	[illegible]	[illegible]	[illegible]	[illegible]
[illegible]	[illegible]	[illegible]	[illegible]	[illegible]	[illegible]	[illegible]	[illegible]	[illegible]	[illegible]	[illegible]	[illegible]	[illegible]
[illegible]	[illegible]	[illegible]	[illegible]	[illegible]	[illegible]	[illegible]	[illegible]	[illegible]	[illegible]	[illegible]	[illegible]	[illegible]
[illegible]	[illegible]	[illegible]	[illegible]	[illegible]	[illegible]	[illegible]	[illegible]	[illegible]	[illegible]	[illegible]	[illegible]	[illegible]
[illegible]	[illegible]	[illegible]	[illegible]	[illegible]	[illegible]	[illegible]	[illegible]	[illegible]	[illegible]	[illegible]	[illegible]	[illegible]
[illegible]	[illegible]	[illegible]	[illegible]	[illegible]	[illegible]	[illegible]	[illegible]	[illegible]	[illegible]	[illegible]	[illegible]	[illegible]
[illegible]	[illegible]	[illegible]	[illegible]	[illegible]	[illegible]	[illegible]	[illegible]	[illegible]	[illegible]	[illegible]	[illegible]	[illegible]
[illegible]	[illegible]	[illegible]	[illegible]	[illegible]	[illegible]	[illegible]	[illegible]	[illegible]	[illegible]	[illegible]	[illegible]	[illegible]
[illegible]	[illegible]	[illegible]	[illegible]	[illegible]	[illegible]	[illegible]	[illegible]	[illegible]	[illegible]	[illegible]	[illegible]	[illegible]
[illegible]	[illegible]	[illegible]	[illegible]	[illegible]	[illegible]	[illegible]	[illegible]	[illegible]	[illegible]	[illegible]	[illegible]	[illegible]
[illegible]	[illegible]	[illegible]	[illegible]	[illegible]	[illegible]	[illegible]	[illegible]	[illegible]	[illegible]	[illegible]	[illegible]	[illegible]
[illegible]	[illegible]	[illegible]	[illegible]	[illegible]	[illegible]	[illegible]	[illegible]	[illegible]	[illegible]	[illegible]	[illegible]	[illegible]
[illegible]	[illegible]	[illegible]	[illegible]	[illegible]	[illegible]	[illegible]	[illegible]	[illegible]	[illegible]	[illegible]	[illegible]	[illegible]
[illegible]	[illegible]	[illegible]	[illegible]	[illegible]	[illegible]	[illegible]	[illegible]	[illegible]	[illegible]	[illegible]	[illegible]	[illegible]
[illegible]	[illegible]	[illegible]	[illegible]	[illegible]	[illegible]	[illegible]	[illegible]	[illegible]	[illegible]	[illegible]	[illegible]	[illegible]
[illegible]	[illegible]	[illegible]	[illegible]	[illegible]	[illegible]	[illegible]	[illegible]	[illegible]	[illegible]	[illegible]	[illegible]	[illegible]
[illegible]	当体重，剔除											
[illegible]	[illegible]	[illegible]	[illegible]	[illegible]	[illegible]	[illegible]	[illegible]	[illegible]	[illegible]	[illegible]	[illegible]	[illegible]
[illegible]	[illegible]	[illegible]	[illegible]	[illegible]	[illegible]	[illegible]	[illegible]	[illegible]	[illegible]	[illegible]	[illegible]	[illegible]
[illegible]	[illegible]	[illegible]	[illegible]	[illegible]	[illegible]	[illegible]	[illegible]	[illegible]	[illegible]	[illegible]	[illegible]	[illegible]
[illegible]	[illegible]	[illegible]	[illegible]	[illegible]	[illegible]	[illegible]	[illegible]	[illegible]	[illegible]	[illegible]	[illegible]	[illegible]
[illegible]	[illegible]	[illegible]	[illegible]	[illegible]	[illegible]	[illegible]	[illegible]	[illegible]	[illegible]	[illegible]	[illegible]	[illegible]
[illegible]	[illegible]	[illegible]	[illegible]	[illegible]	[illegible]	[illegible]	[illegible]	[illegible]	[illegible]	[illegible]	[illegible]	[illegible]
[illegible]	当体重，剔除											

续表

生字体文序列	第十四章衍生字											
[illegible]	[illegible]	[illegible]	[illegible]	[illegible]	[illegible]	[illegible]	[illegible]	[illegible]	[illegible]	[illegible]	[illegible]	[illegible]
[illegible]	[illegible]	[illegible]	[illegible]	[illegible]	[illegible]	[illegible]	[illegible]	[illegible]	[illegible]	[illegible]	[illegible]	[illegible]
[illegible]	[illegible]	[illegible]	[illegible]	[illegible]	[illegible]	[illegible]	[illegible]	[illegible]	[illegible]	[illegible]	[illegible]	[illegible]
[illegible]	[illegible]	[illegible]	[illegible]	[illegible]	[illegible]	[illegible]	[illegible]	[illegible]	[illegible]	[illegible]	[illegible]	[illegible]
[illegible]	[illegible]	[illegible]	[illegible]	[illegible]	[illegible]	[illegible]	[illegible]	[illegible]	[illegible]	[illegible]	[illegible]	[illegible]
[illegible]	[illegible]	[illegible]	[illegible]	[illegible]	[illegible]	[illegible]	[illegible]	[illegible]	[illegible]	[illegible]	[illegible]	[illegible]
[illegible]	全不生字，剔除											
[illegible]	[illegible]	[illegible]	[illegible]	[illegible]	[illegible]	[illegible]	[illegible]	[illegible]	[illegible]	[illegible]	[illegible]	[illegible]

第十五章

【原文】

[illegible]盎迦上、[illegible]盎迦平、[illegible]应上纪、[illegible]应机、[illegible]蓊苟俱口反、[illegible]蓊钩俱候反、[illegible]蘡于项反荆、[illegible]蘡介、[illegible]拥句、[illegible]拥憍脚傲反、[illegible]盎鉴、[illegible]盎迦去。[1]已上迦字上用[illegible]盎字冠之[2]，生十二字。

[illegible]盎佉上、[illegible]盎佉平。[3]生十二字，同上迦字用摩多及呼字转声法[4]。下同。

[illegible]盎伽上、[illegible]盎佉平。生十二字，同上。

[illegible]盎伽上、重，[illegible]盎佉平、重。生十二字，同上。

[illegible]字。并[5]将冠上四字之首，不复自重；后皆效此。已上牙声之字，皆用盎声。

【译文】

盎迦上、盎迦平、应上纪、应机、蓊苟俱口反、蓊钩俱候反、虁于项反荆、虁介、拥句、拥憍脚傲反、盎鉴、盎迦去。以上是将牙声组的第五个体文（盎）加在牙声组的第一个体文迦上，衍生出的十二个悉昙梵字。

盎佉上、盎佉平。这是将加于牙声组的第二个体文字上面衍生出的十二个悉昙梵字。其中摩多点画的用法以及根据相应的体文和韵母调整发音的方法都和上面的字相同。以下各字也一样。

盎伽上、盎佉平。这是将加于牙声组的第三个体文字上面衍生出的十二个悉昙梵字，摩多点画用法和发音调整方法同上。

盎伽上声、盎佉平重。这是将加于牙声组的第四个体文字上面衍生出的十二个悉昙梵字，摩多点画用法和发音调整方法同上。

字。牙声组前四个字都冠以作为字头。但是在本章，字不能和自己相重。其他几组体文也采用同样的构字方法。在牙声组这几个字中都读作“盎”。

【注解】

1. 这几个字发音的拉丁字母注音如下：(ṅka)、(ṅkā)、

𑖒𑖿𑖎𑖰（ṅki）、𑖒𑖿𑖎𑖱（ṅkī）、𑖒𑖿𑖎𑖲（ṅku）、𑖒𑖿𑖎𑖳（ṅkū）、𑖒𑖿𑖎𑖸（ṅke）、𑖒𑖿𑖎𑖹（ṅkai）、𑖒𑖿𑖎𑖺（ṅko）、𑖒𑖿𑖎𑖻（ṅkau）、𑖒𑖿𑖎𑖽（ṅkaṃ）、𑖒𑖿𑖎𑖾（ṅkaḥ），以𑖒置于𑖎之上，形成复合体文𑖒𑖿𑖎，以𑖒𑖿𑖎呼十二韵，从字形上加上十二韵对应的摩多点画，就衍生出这十二个悉昙梵字。小字“上”“平”“去”表示音调，“俱口反”“于项反”等代表汉字的注音。

2．用𑖒盎字冠之：上接𑖒。冠：帽子；冠之：置于其上，即将𑖒放在𑖎的头上。

3．这两个字发音的拉丁字母注音如下：𑖒𑖿𑖏（ṅka）、𑖒𑖿𑖏𑖯（ṅkā）。以𑖒加于𑖏之上形成复合体文𑖒𑖿𑖏，以𑖒𑖿𑖏呼十二韵，就形成了𑖒𑖿𑖏、𑖒𑖿𑖏𑖯等十二个悉昙梵字。牙声组衍生出的悉昙梵字见表25。

表25　悉昙第十五章三百四十八字

生字体文序列	第十五章衍生字											
𑖎	𑖒𑖿𑖎	𑖒𑖿𑖎𑖯	𑖒𑖿𑖎𑖰	𑖒𑖿𑖎𑖱	𑖒𑖿𑖎𑖲	𑖒𑖿𑖎𑖳	𑖒𑖿𑖎𑖸	𑖒𑖿𑖎𑖹	𑖒𑖿𑖎𑖺	𑖒𑖿𑖎𑖻	𑖒𑖿𑖎𑖽	𑖒𑖿𑖎𑖾
𑖏	𑖒𑖿𑖏	𑖒𑖿𑖏𑖯	𑖒𑖿𑖏𑖰	𑖒𑖿𑖏𑖱	𑖒𑖿𑖏𑖲	𑖒𑖿𑖏𑖳	𑖒𑖿𑖏𑖸	𑖒𑖿𑖏𑖹	𑖒𑖿𑖏𑖺	𑖒𑖿𑖏𑖻	𑖒𑖿𑖏𑖽	𑖒𑖿𑖏𑖾
𑖐	𑖒𑖿𑖐	𑖒𑖿𑖐𑖯	𑖒𑖿𑖐𑖰	𑖒𑖿𑖐𑖱	𑖒𑖿𑖐𑖲	𑖒𑖿𑖐𑖳	𑖒𑖿𑖐𑖸	𑖒𑖿𑖐𑖹	𑖒𑖿𑖐𑖺	𑖒𑖿𑖐𑖻	𑖒𑖿𑖐𑖽	𑖒𑖿𑖐𑖾
𑖑	𑖒𑖿𑖑	𑖒𑖿𑖑𑖯	𑖒𑖿𑖑𑖰	𑖒𑖿𑖑𑖱	𑖒𑖿𑖑𑖲	𑖒𑖿𑖑𑖳	𑖒𑖿𑖑𑖸	𑖒𑖿𑖑𑖹	𑖒𑖿𑖑𑖺	𑖒𑖿𑖑𑖻	𑖒𑖿𑖑𑖽	𑖒𑖿𑖑𑖾
𑖒	当体重，剔除											
𑖓	𑖗𑖿𑖓	𑖗𑖿𑖓𑖯	𑖗𑖿𑖓𑖰	𑖗𑖿𑖓𑖱	𑖗𑖿𑖓𑖲	𑖗𑖿𑖓𑖳	𑖗𑖿𑖓𑖸	𑖗𑖿𑖓𑖹	𑖗𑖿𑖓𑖺	𑖗𑖿𑖓𑖻	𑖗𑖿𑖓𑖽	𑖗𑖿𑖓𑖾
𑖔	𑖗𑖿𑖔	𑖗𑖿𑖔𑖯	𑖗𑖿𑖔𑖰	𑖗𑖿𑖔𑖱	𑖗𑖿𑖔𑖲	𑖗𑖿𑖔𑖳	𑖗𑖿𑖔𑖸	𑖗𑖿𑖔𑖹	𑖗𑖿𑖔𑖺	𑖗𑖿𑖔𑖻	𑖗𑖿𑖔𑖽	𑖗𑖿𑖔𑖾
𑖕	𑖗𑖿𑖕	𑖗𑖿𑖕𑖯	𑖗𑖿𑖕𑖰	𑖗𑖿𑖕𑖱	𑖗𑖿𑖕𑖲	𑖗𑖿𑖕𑖳	𑖗𑖿𑖕𑖸	𑖗𑖿𑖕𑖹	𑖗𑖿𑖕𑖺	𑖗𑖿𑖕𑖻	𑖗𑖿𑖕𑖽	𑖗𑖿𑖕𑖾
𑖖	𑖗𑖿𑖖	𑖗𑖿𑖖𑖯	𑖗𑖿𑖖𑖰	𑖗𑖿𑖖𑖱	𑖗𑖿𑖖𑖲	𑖗𑖿𑖖𑖳	𑖗𑖿𑖖𑖸	𑖗𑖿𑖖𑖹	𑖗𑖿𑖖𑖺	𑖗𑖿𑖖𑖻	𑖗𑖿𑖖𑖽	𑖗𑖿𑖖𑖾
𑖗	当体重，剔除											
𑖘	𑖜𑖿𑖘	𑖜𑖿𑖘𑖯	𑖜𑖿𑖘𑖰	𑖜𑖿𑖘𑖱	𑖜𑖿𑖘𑖲	𑖜𑖿𑖘𑖳	𑖜𑖿𑖘𑖸	𑖜𑖿𑖘𑖹	𑖜𑖿𑖘𑖺	𑖜𑖿𑖘𑖻	𑖜𑖿𑖘𑖽	𑖜𑖿𑖘𑖾
𑖙	𑖜𑖿𑖙	𑖜𑖿𑖙𑖯	𑖜𑖿𑖙𑖰	𑖜𑖿𑖙𑖱	𑖜𑖿𑖙𑖲	𑖜𑖿𑖙𑖳	𑖜𑖿𑖙𑖸	𑖜𑖿𑖙𑖹	𑖜𑖿𑖙𑖺	𑖜𑖿𑖙𑖻	𑖜𑖿𑖙𑖽	𑖜𑖿𑖙𑖾
𑖚	𑖜𑖿𑖚	𑖜𑖿𑖚𑖯	𑖜𑖿𑖚𑖰	𑖜𑖿𑖚𑖱	𑖜𑖿𑖚𑖲	𑖜𑖿𑖚𑖳	𑖜𑖿𑖚𑖸	𑖜𑖿𑖚𑖹	𑖜𑖿𑖚𑖺	𑖜𑖿𑖚𑖻	𑖜𑖿𑖚𑖽	𑖜𑖿𑖚𑖾
𑖛	𑖜𑖿𑖛	𑖜𑖿𑖛𑖯	𑖜𑖿𑖛𑖰	𑖜𑖿𑖛𑖱	𑖜𑖿𑖛𑖲	𑖜𑖿𑖛𑖳	𑖜𑖿𑖛𑖸	𑖜𑖿𑖛𑖹	𑖜𑖿𑖛𑖺	𑖜𑖿𑖛𑖻	𑖜𑖿𑖛𑖽	𑖜𑖿𑖛𑖾

生字体 文序列	第十五章衍生字											
𑖜	当体重，剔除											
𑖎	𑖎	𑖎𑖯	𑖎𑖰	𑖎𑖱	𑖎𑖲	𑖎𑖳	𑖎𑖸	𑖎𑖹	𑖎𑖺	𑖎𑖻	𑖎𑖽	𑖎𑖾
𑖏	𑖏	𑖏𑖯	𑖏𑖰	𑖏𑖱	𑖏𑖲	𑖏𑖳	𑖏𑖸	𑖏𑖹	𑖏𑖺	𑖏𑖻	𑖏𑖽	𑖏𑖾
𑖐	𑖐	𑖐𑖯	𑖐𑖰	𑖐𑖱	𑖐𑖲	𑖐𑖳	𑖐𑖸	𑖐𑖹	𑖐𑖺	𑖐𑖻	𑖐𑖽	𑖐𑖾
𑖑	𑖑	𑖑𑖯	𑖑𑖰	𑖑𑖱	𑖑𑖲	𑖑𑖳	𑖑𑖸	𑖑𑖹	𑖑𑖺	𑖑𑖻	𑖑𑖽	𑖑𑖾
𑖒	当体重，剔除											
𑖓	𑖓	𑖓𑖯	𑖓𑖰	𑖓𑖱	𑖓𑖲	𑖓𑖳	𑖓𑖸	𑖓𑖹	𑖓𑖺	𑖓𑖻	𑖓𑖽	𑖓𑖾
𑖔	𑖔	𑖔𑖯	𑖔𑖰	𑖔𑖱	𑖔𑖲	𑖔𑖳	𑖔𑖸	𑖔𑖹	𑖔𑖺	𑖔𑖻	𑖔𑖽	𑖔𑖾
𑖕	𑖕	𑖕𑖯	𑖕𑖰	𑖕𑖱	𑖕𑖲	𑖕𑖳	𑖕𑖸	𑖕𑖹	𑖕𑖺	𑖕𑖻	𑖕𑖽	𑖕𑖾
𑖖	𑖖	𑖖𑖯	𑖖𑖰	𑖖𑖱	𑖖𑖲	𑖖𑖳	𑖖𑖸	𑖖𑖹	𑖖𑖺	𑖖𑖻	𑖖𑖽	𑖖𑖾
𑖗	当体重，剔除											
𑖧	𑖧	𑖧𑖯	𑖧𑖰	𑖧𑖱	𑖧𑖲	𑖧𑖳	𑖧𑖸	𑖧𑖹	𑖧𑖺	𑖧𑖻	𑖧𑖽	𑖧𑖾
𑖨	𑖨	𑖨𑖯	𑖨𑖰	𑖨𑖱	𑖨𑖲	𑖨𑖳	𑖨𑖸	𑖨𑖹	𑖨𑖺	𑖨𑖻	𑖨𑖽	𑖨𑖾
𑖩	𑖩	𑖩𑖯	𑖩𑖰	𑖩𑖱	𑖩𑖲	𑖩𑖳	𑖩𑖸	𑖩𑖹	𑖩𑖺	𑖩𑖻	𑖩𑖽	𑖩𑖾
𑖪	𑖪	𑖪𑖯	𑖪𑖰	𑖪𑖱	𑖪𑖲	𑖪𑖳	𑖪𑖸	𑖪𑖹	𑖪𑖺	𑖪𑖻	𑖪𑖽	𑖪𑖾
𑖫	𑖫	𑖫𑖯	𑖫𑖰	𑖫𑖱	𑖫𑖲	𑖫𑖳	𑖫𑖸	𑖫𑖹	𑖫𑖺	𑖫𑖻	𑖫𑖽	𑖫𑖾
𑖬	𑖬	𑖬𑖯	𑖬𑖰	𑖬𑖱	𑖬𑖲	𑖬𑖳	𑖬𑖸	𑖬𑖹	𑖬𑖺	𑖬𑖻	𑖬𑖽	𑖬𑖾
𑖭	𑖭	𑖭𑖯	𑖭𑖰	𑖭𑖱	𑖭𑖲	𑖭𑖳	𑖭𑖸	𑖭𑖹	𑖭𑖺	𑖭𑖻	𑖭𑖽	𑖭𑖾
𑖮	𑖮	𑖮𑖯	𑖮𑖰	𑖮𑖱	𑖮𑖲	𑖮𑖳	𑖮𑖸	𑖮𑖹	𑖮𑖺	𑖮𑖻	𑖮𑖽	𑖮𑖾
𑖩𑖿𑖩𑖽	全不生字，剔除											
𑖎𑖿𑖬	𑖎𑖿𑖬	𑖎𑖿𑖬𑖯	𑖎𑖿𑖬𑖰	𑖎𑖿𑖬𑖱	𑖎𑖿𑖬𑖲	𑖎𑖿𑖬𑖳	𑖎𑖿𑖬𑖸	𑖎𑖿𑖬𑖹	𑖎𑖿𑖬𑖺	𑖎𑖿𑖬𑖻	𑖎𑖿𑖬𑖽	𑖎𑖿𑖬𑖾

4. 呼字转声法：即声、韵、调的处理方法。

5. 并：全部，一起，都。

【原文】

[illegible]安者、[illegible]安遮。[1]生十二字，同上。此[illegible]是[illegible]字之省[2]。

安车上、安车。生十二字。

安社、安阇。生十二字。

安社重、安阇重。生十二字。

字。为上四字所用，不可更自重[3]。已上齿声之字，同用安音，阿亶反[4]。

【译文】

安者、安遮。将加于齿声组的第一个体文的上面，生成十二个字，摩多点画的加法和声韵调整方法同上。此处的是的上半体。

安车上、安车。将加于齿声组的第二个体文的上面，生成十二个字。

安社、安阇。将加于齿声组的第三个体文的上面，生成十二个字。

安社重、安阇重。将加于齿声组的第四个体文的上面，生成十二个字。

字。只用于加在齿音组的前四个体文的上面衍生新字，不能和自己重叠生字。在上述齿声组各字中，读作“安”，发音取“阿亶反”。

【注解】

1. 这两个字发音的拉丁字母注音如下：（ñca）、（ñcā）。

将加于的上面，形成复合体文；以呼、等十二韵，就衍生出、等十二个悉昙梵字。齿声组衍生的全部悉昙梵字见表25。

2．是字之省：是由简化成的上半体。

3．不可更自重：不能再跟自己相重。更：再。

4．同用安音，阿亶反：都读作“安”，此处“安”的发音取“阿亶反”。

【原文】

安吒上、安吒平。[1]生十二字。

安侘上、丑加反，安侘。生十二字。

安荼上、安荼。生十二字。

安荼上、重，安荼重音。生十二字。

字。为上四字所用，不可更自重。此字有自重者，便属别章[2]，则大呼拏音，非盎拏也[3]。余并同此也。已上舌声四字[4]，同用安声。

【译文】

安吒上、安吒平。将放在舌声组的第一个体文的上面，生成十二个字。

安侘上，丑加反、安侘。将放在舌声组的第二个体文的上面，生成十二个字。

安荼上、安荼。将放在舌声组的第三个体文的上面，生成十二个字。

安荼上、重，安荼重音。将放在舌声组的第四个体文的上面，生成十二个字。

字。仅用于放在舌声组的前四个体文上面衍生新字，在本章不可以再和自己当体重。自己当体重生成的字归到其他章，而且读当体重的时要大呼“拏”，不能读成“盎拏”。其他的体文当体重时也都要这样来发音。在以上四个字中都要读作“安”。

【注解】

1. 这两个字发音的拉丁字母注音如下：(ṇṭa)、(ṇṭā)。将加于的上面，形成复合体文；以呼十二韵，衍生、等十二个悉昙梵字。舌声组衍生的全部悉昙梵字见表 25。

2. 有自重者，便属别章：如果体文在构字时形成当体重，则安排在其他章。属：属于。别章：其他章，这里指第十八章。

3. 大呼拏音，非盎拏也：直接读成一个“拏”音，而不能读成“盎拏”。

4. 已上舌声四字：以上四个舌声组的衍生字。金陵刻本《悉昙字记》中为“已上舌声四字”；宗叡的《悉昙字记私记》中为“已上舌声之字”。本书从前者。

【原文】

安多上、安多。[1]生十二字。

安他上、安他。生十二字。

安拕上、安拕。生十二字。

安陀上、重，安陀重音。生十二字。

字。为上四字所用，不可更自重，若重属别章。已上喉声之字，同用安声[2]。

【译文】

安多上、安多。将放在喉声　第一个体文上，生成十二个字。

安他上、安他。将放在喉声组的第二个体文上，生成十二个字。

安拕上、安拕。将放在喉声组的第三个体文上，生成十二个字。

安陀上、重，安陀重音。将放在喉声组的第四个体文上，生成十二个字。

字。只用于和喉声组上面的四个体文组字，不能自己和自己当体重。当体重归到其他章。在和上面的喉声组各字组合生成新字时，都读作“安”。

【注解】

1. 这两个字发音的拉丁字母注音如下：𑖡𑖿𑖝（nta）、𑖡𑖿𑖝𑖯（ntā）。将𑖡加于𑖝的上面，形成复合体文𑖡𑖿𑖝；以𑖡𑖿𑖝呼十二韵，衍生𑖡𑖿𑖝、𑖡𑖿𑖝𑖯等十二个悉昙梵字。喉声组衍生的全部悉昙梵字见表 25。

2. 同用安声：都读作“安”。

【原文】

𑖦𑖿𑖢唵跛、𑖦𑖿𑖢𑖯唵跛。[1]生十二字。

𑖦𑖿𑖣唵颇上、𑖦𑖿𑖣𑖯唵颇平。生十二字。

𑖦𑖿𑖤唵婆上、𑖦𑖿𑖤𑖯唵婆。生十二字。

𑖦𑖿𑖥唵婆上、重音，𑖦𑖿𑖥𑖯唵婆重。生十二字。

𑖦字。为上四字所用，不更自重。已上唇声之字，同用唵声[2]。

【译文】

𑖦𑖿𑖢唵跛、𑖦𑖿𑖢𑖯唵跛。将𑖦加到唇声组的第一个体文𑖢的上面，生成十二个字。

𑖦𑖿𑖣唵颇上、𑖦𑖿𑖣𑖯唵颇平。将𑖦加到唇声组的第二个体文𑖣的上面，生成十二个字。

𑖦𑖿𑖤唵婆上、𑖦𑖿𑖤𑖯唵婆。将𑖦加到唇声组的第三个体文𑖤的上面，生成十二个字。

唵婆上重音 、唵婆重。将加到唇声组的第四个体文的上面，生成十二个字。

字。用于和上面的四个体文组字用，不能自己和自己当体重。在上面新组成的各字中，都读作“唵”。

【注解】

1. 这两个字发音的拉丁字母注音如下：（mba）、（mbā）。将加于的上面，形成复合体文；以呼十二韵，衍生、等十二个悉昙梵字。唇声组衍生的全部悉昙梵字见表 25。

2. 同用唵声：都读作“唵”。

【原文】

盎也、盎耶。[1]生十二字。

盎啰上、盎啰。生十二字。

盎攞上、盎攞。生十二字。

盎嚩上、盎嚩平。生十二字。

盎舍、盎奢。生十二字。

盎洒、盎沙。生十二字。

盎娑上、盎娑平。生十二字。

盎诃上、盎诃。生十二字。

盎叉上、盎叉。生十二字。

【译文】

盎也、盎耶。将加于遍口声组第一个体文上面，生成十二个字。

盎啰上、盎啰。将加于遍口声组第二个体文上面，生成十二个字。

盎攞上、盎攞。将加于遍口声组第三个体文上面，生成十二个字。

盎嚩上、盎嚩平。将加于遍口声组第四个体文上面，生成十二个字。

盎舍、盎奢。将加于遍口声组第五个体文上面，生成十二个字。

盎洒、盎沙。将加于遍口声组第六个体文上面，生成十二个字。

盎娑上、盎娑平。将加于遍口声组第七个体文上面，生成十二个字。

盎诃上、盎诃。将加于遍口声组第八个体文上面，生成十二个字。

盎叉上、盎叉。将加于遍口声组第十个体文上面，生成十二个字。

【注解】

1．这两个字发音的拉丁字母注音如下：𑖒𑖿𑖧（ṅya）、𑖒𑖿𑖧𑖯（ṅyā）。将𑖒加于𑖧的上面，形成复合体文𑖒𑖿𑖧；以𑖒𑖿𑖧呼十二韵，衍生𑖒𑖿𑖧、𑖒𑖿𑖧𑖯等十二个悉昙梵字。遍口声组除𑖎𑖿𑖬之外，全部九个体文衍生的悉昙梵字见表25。

【原文】

右此章字，两字重成，不得依字呼之[1]，异于诸章，故云异章。然盎、安等将读之际，潜带[2]其音，亦不分明称盎、安也。

【译文】

在这一章，声字是由两个体文字母上下相接构成，发音时不能按照原有的音一个字一个字的来读。这和其他章有所不同，因此称为“异章”。在读“盎”“安”时，要轻轻带过，而不是很清晰地发成“盎”“安”等。

【注解】

1．不得依字呼之：不能按照体文字母原有的发音来读。

2．潜带：轻轻带过，即不要僵硬地读成“盎”“安”。

第十六章

【原文】

讫里、乞里、佉里、佉里重音、齕里；[1]齿里、质里、实里、实里重音、日里。[2]已下并同[3]。吉里反[4]，但用于下合之[5]，读者[6]取其声势。亦有用摩多得重成字用，非遍能生[7]也。[8]

【译文】

讫里、乞里、佉里、佉里重音、齕里；齿里、质里、实里、实里重音、日里。其他体文与组合构字时也依此类推。的读音取“吉里反”，它在组字时只能以半体下接于其他体文，而读的时候要随着它上面的体文而变。用组字时，也有再加其他摩多点画的，从而把和它的上接的体文变成了一个重体的复合体文，但是这样的复合体文并不能普遍地应用于全部十二个韵母。

【注解】

1. 这几个字发音的拉丁字母注音如下：（kṛ）、（khṝ）、（gṛ）、（ghṛ）、（ṅṛ）。这几个字是牙声组体文下接衍生的悉昙梵字。

2. 这几字发音的拉丁字母注音如下：（cṛ）、（chṛ）、

𑖕𑖴（jṛ）、𑖖𑖴（jhṛ）、𑖗𑖴（ñṛ）。这几个字是齿声组体文下接𑖆衍生的悉昙梵字。

3．已下并同：其余的体文和𑖆组字的方式相同。

4．吉里反：𑖆的读音取“吉里反”，但这只能算是一个近似的读音。

5．但用于下合之：用于组字时只能接在其他的体文下方。

6．读者：读的时候。

7．非遍能生：虽然下接𑖆形成的复合体文可以添加个别摩多点画生成一个新字，但是并不能应用于所有十二个韵母的摩多点画。此处的“遍”是指遍及全部十二个悉昙韵母。

8．这一章主要介绍颤音或抖舌音𑖆接到几组体文字母的下面衍生的梵字(见表 26)。𑖆在组字发音时，和其他韵母一样，其作用也是作为韵或尾音，因此把𑖆归入韵母，其半体𑖴称为“别摩多”。表 26 没有列入含有𑖴的声字再添加其他摩多生成的梵字。[①]

表 26　悉昙第十六章三十四字

分组	各组体文及在第十六章的衍生字					
牙声组	体文	𑖎	𑖏	𑖐	𑖑	𑖒
	衍生字	𑖎𑖴	𑖏𑖴	𑖐𑖴	𑖑𑖴	𑖒𑖴
齿声组	体文	𑖓	𑖔	𑖕	𑖖	𑖗

① 加摩多点画的例子可以参考林光明、林怡馨:《梵字悉昙入门》，第 218～219 页。嘉丰出版社，1999 年。

续表

分组	各组体文及在第十六章的衍生字					
齿声组	衍生字					
舌声组	体文					
	衍生字					
喉声组	体文					
	衍生字					
唇声组	体文					
	衍生字					
遍口声组	体文					
	衍生字					
遍口声组	体文					
	衍生字				全不生字	

第十七章

【原文】

阿索迦生十二字、阿索佉已下各生十二字、阿拖伽、阿拖伽重、盎迦怛啰。[1]

阿嚩遮、阿伐车、阿伐社、阿伐阇重、阿社若。[2]

阿瑟吒、阿瑟侘、阿拖荼、阿拖荼重、阿瑟拏。[3]

阿萨多、阿萨他、阿伐拖、阿伐拖重、阿勒多萨那。[4]

阿萨波、阿萨颇、阿拖婆、阿拖婆重、阿勒叉麼。[5]

阿勒叉微耶、阿勒叉微厘耶、阿刺多、阿多迦嚩、阿吒奢、阿吒沙、阿沙诃、阿婆叉。[6]已上一章重文[7]，读之皆带阿声[8]，连促呼之[9]。此章亦除滥字[10]，又合娑、诃字[11]，唯三十三字[12]，皆通十二字加摩多也。其于字母不次者[13]，分入后章。

【译文】

阿索迦、阿索佉、阿拖伽、阿拖伽重、盎迦怛啰。这五个复合体文由牙声组的五个体文衍生，分别呼十二韵，各生成十二个悉昙梵字。

阿嚩遮、阿伐车、阿伐社、阿伐阇重、阿社若。这五个复合体文由齿声组的五个体文衍生，分别呼十二韵，各生成十二个悉昙梵字。

阿瑟吒、阿瑟侘、阿拖荼、阿拖荼重、阿瑟拏。这五个复合体文由舌声组的五个体文衍生，分别呼十二韵，各生成十二个悉昙梵字。

阿萨多、阿萨他、阿伐拖、阿伐拖重、阿勒多萨那。这五个复合体文由喉声组的五个体文衍生，分别呼十二韵，各生成十二个悉昙梵字。

阿萨波、阿萨颇、阿拖婆、阿拖婆重、阿勒叉麽。这五个复合体文由唇声组的五个体文衍生，分别呼十二韵，各生成十二个悉昙梵字。

阿勒叉微耶、阿勒叉微厘耶、阿剌多、阿多迦嚩、阿吒奢、阿吒沙、阿沙诃、阿婆叉。这八个复合体文由遍口声组的八个体文衍生，分别呼十二韵，各生成十二个悉昙梵字。

这一章的复合体文，读时前面都带𑖀阿声，几个声母要连起来快读。这一章同样要剔除𑖩滥字，再加上𑖭娑、𑖮诃二字合并成了一个字，因此生字体文序列只剩下三十三个字，与之对应的复合体文都可以配合十二韵母的摩多点画衍生新字。

还有一些不能按照体文字母的顺序来归类的字，都放在了最后一章。

【注解】

1. 这几个字发音的拉丁字母注音如下：𑖭𑖿𑖎（ska）、𑖭𑖿𑖏（skha）、𑖟𑖿𑖐（dga）、𑖟𑖿𑖑（dgha）、𑖒𑖿𑖎𑖿𑖝𑖿𑖨（ṅktra）。由牙声组的五个体文衍生五个复合体文，这五个复合体文都可以呼十二韵而生字，总共可以生成六十个悉昙梵字（见表27）。

表27　悉昙第十七章三百九十六字

生字体文序列	第十七章衍生字											
𑖎	𑖭𑖿𑖎	𑖭𑖿𑖎𑖯	𑖭𑖿𑖎𑖰	𑖭𑖿𑖎𑖱	𑖭𑖿𑖎𑖲	𑖭𑖿𑖎𑖳	𑖭𑖿𑖎𑖸	𑖭𑖿𑖎𑖹	𑖭𑖿𑖎𑖺	𑖭𑖿𑖎𑖻	𑖭𑖿𑖎𑖽	𑖭𑖿𑖎𑖾
𑖏	𑖭𑖿𑖏	𑖭𑖿𑖏𑖯	𑖭𑖿𑖏𑖰	𑖭𑖿𑖏𑖱	𑖭𑖿𑖏𑖲	𑖭𑖿𑖏𑖳	𑖭𑖿𑖏𑖸	𑖭𑖿𑖏𑖹	𑖭𑖿𑖏𑖺	𑖭𑖿𑖏𑖻	𑖭𑖿𑖏𑖽	𑖭𑖿𑖏𑖾
𑖐	𑖟𑖿𑖐	𑖟𑖿𑖐𑖯	𑖟𑖿𑖐𑖰	𑖟𑖿𑖐𑖱	𑖟𑖿𑖐𑖲	𑖟𑖿𑖐𑖳	𑖟𑖿𑖐𑖸	𑖟𑖿𑖐𑖹	𑖟𑖿𑖐𑖺	𑖟𑖿𑖐𑖻	𑖟𑖿𑖐𑖽	𑖟𑖿𑖐𑖾
𑖑	𑖟𑖿𑖑	𑖟𑖿𑖑𑖯	𑖟𑖿𑖑𑖰	𑖟𑖿𑖑𑖱	𑖟𑖿𑖑𑖲	𑖟𑖿𑖑𑖳	𑖟𑖿𑖑𑖸	𑖟𑖿𑖑𑖹	𑖟𑖿𑖑𑖺	𑖟𑖿𑖑𑖻	𑖟𑖿𑖑𑖽	𑖟𑖿𑖑𑖾
𑖒	𑖒𑖿𑖎𑖿𑖝𑖿𑖨	𑖒𑖿𑖎𑖿𑖝𑖿𑖨𑖯	𑖒𑖿𑖎𑖿𑖝𑖿𑖨𑖰	𑖒𑖿𑖎𑖿𑖝𑖿𑖨𑖱	𑖒𑖿𑖎𑖿𑖝𑖿𑖨𑖲	𑖒𑖿𑖎𑖿𑖝𑖿𑖨𑖳	𑖒𑖿𑖎𑖿𑖝𑖿𑖨𑖸	𑖒𑖿𑖎𑖿𑖝𑖿𑖨𑖹	𑖒𑖿𑖎𑖿𑖝𑖿𑖨𑖺	𑖒𑖿𑖎𑖿𑖝𑖿𑖨𑖻	𑖒𑖿𑖎𑖿𑖝𑖿𑖨𑖽	𑖒𑖿𑖎𑖿𑖝𑖿𑖨𑖾
𑖓	[illegible]	[illegible]	[illegible]	[illegible]	[illegible]	[illegible]	[illegible]	[illegible]	[illegible]	[illegible]	[illegible]	[illegible]
𑖔	[illegible]	[illegible]	[illegible]	[illegible]	[illegible]	[illegible]	[illegible]	[illegible]	[illegible]	[illegible]	[illegible]	[illegible]
𑖕	[illegible]	[illegible]	[illegible]	[illegible]	[illegible]	[illegible]	[illegible]	[illegible]	[illegible]	[illegible]	[illegible]	[illegible]

续表

生字体文序列	第十七章衍生字											
𑖖	[illegible]	[illegible]	[illegible]	[illegible]	[illegible]	[illegible]	[illegible]	[illegible]	[illegible]	[illegible]	[illegible]	[illegible]
𑖗	[illegible]	[illegible]	[illegible]	[illegible]	[illegible]	[illegible]	[illegible]	[illegible]	[illegible]	[illegible]	[illegible]	[illegible]
𑖘	[illegible]	[illegible]	[illegible]	[illegible]	[illegible]	[illegible]	[illegible]	[illegible]	[illegible]	[illegible]	[illegible]	[illegible]
𑖙	[illegible]	[illegible]	[illegible]	[illegible]	[illegible]	[illegible]	[illegible]	[illegible]	[illegible]	[illegible]	[illegible]	[illegible]
𑖚	[illegible]	[illegible]	[illegible]	[illegible]	[illegible]	[illegible]	[illegible]	[illegible]	[illegible]	[illegible]	[illegible]	[illegible]
𑖛	[illegible]	[illegible]	[illegible]	[illegible]	[illegible]	[illegible]	[illegible]	[illegible]	[illegible]	[illegible]	[illegible]	[illegible]
𑖜	[illegible]	[illegible]	[illegible]	[illegible]	[illegible]	[illegible]	[illegible]	[illegible]	[illegible]	[illegible]	[illegible]	[illegible]
𑖝	[illegible]	[illegible]	[illegible]	[illegible]	[illegible]	[illegible]	[illegible]	[illegible]	[illegible]	[illegible]	[illegible]	[illegible]
𑖞	[illegible]	[illegible]	[illegible]	[illegible]	[illegible]	[illegible]	[illegible]	[illegible]	[illegible]	[illegible]	[illegible]	[illegible]
𑖟	[illegible]	[illegible]	[illegible]	[illegible]	[illegible]	[illegible]	[illegible]	[illegible]	[illegible]	[illegible]	[illegible]	[illegible]
𑖠	[illegible]	[illegible]	[illegible]	[illegible]	[illegible]	[illegible]	[illegible]	[illegible]	[illegible]	[illegible]	[illegible]	[illegible]
𑖡	[illegible]	[illegible]	[illegible]	[illegible]	[illegible]	[illegible]	[illegible]	[illegible]	[illegible]	[illegible]	[illegible]	[illegible]
𑖢	[illegible]	[illegible]	[illegible]	[illegible]	[illegible]	[illegible]	[illegible]	[illegible]	[illegible]	[illegible]	[illegible]	[illegible]
𑖣	[illegible]	[illegible]	[illegible]	[illegible]	[illegible]	[illegible]	[illegible]	[illegible]	[illegible]	[illegible]	[illegible]	[illegible]
𑖤	[illegible]	[illegible]	[illegible]	[illegible]	[illegible]	[illegible]	[illegible]	[illegible]	[illegible]	[illegible]	[illegible]	[illegible]
𑖥	[illegible]	[illegible]	[illegible]	[illegible]	[illegible]	[illegible]	[illegible]	[illegible]	[illegible]	[illegible]	[illegible]	[illegible]
𑖦	[illegible]	[illegible]	[illegible]	[illegible]	[illegible]	[illegible]	[illegible]	[illegible]	[illegible]	[illegible]	[illegible]	[illegible]
𑖧	[illegible]	[illegible]	[illegible]	[illegible]	[illegible]	[illegible]	[illegible]	[illegible]	[illegible]	[illegible]	[illegible]	[illegible]
𑖨	[illegible]	[illegible]	[illegible]	[illegible]	[illegible]	[illegible]	[illegible]	[illegible]	[illegible]	[illegible]	[illegible]	[illegible]
𑖩	[illegible]	[illegible]	[illegible]	[illegible]	[illegible]	[illegible]	[illegible]	[illegible]	[illegible]	[illegible]	[illegible]	[illegible]
𑖪	[illegible]	[illegible]	[illegible]	[illegible]	[illegible]	[illegible]	[illegible]	[illegible]	[illegible]	[illegible]	[illegible]	[illegible]
𑖫	[illegible]	[illegible]	[illegible]	[illegible]	[illegible]	[illegible]	[illegible]	[illegible]	[illegible]	[illegible]	[illegible]	[illegible]
𑖬	[illegible]	[illegible]	[illegible]	[illegible]	[illegible]	[illegible]	[illegible]	[illegible]	[illegible]	[illegible]	[illegible]	[illegible]
𑖭 𑖮	[illegible]	[illegible]	[illegible]	[illegible]	[illegible]	[illegible]	[illegible]	[illegible]	[illegible]	[illegible]	[illegible]	[illegible]
𑖩𑖿𑖩𑖽	全不生字，剔除											
𑖎𑖿𑖬	[illegible]	[illegible]	[illegible]	[illegible]	[illegible]	[illegible]	[illegible]	[illegible]	[illegible]	[illegible]	[illegible]	[illegible]

2. 这几个字发音的拉丁字母注音如下：𑖪𑖿𑖓(vca)、𑖪𑖿𑖔(vcha)、𑖪𑖿𑖕(vja)、𑖪𑖿𑖖(vjha)、𑖗(jña)。由齿声组的五个体文衍生的五个复合体文，呼十二韵而生字，总共可以生成六十个悉昙梵字（见表 27)。

3. 这几个字发音的拉丁字母注音如下：𑖬𑖿𑖘(ṣṭa)、𑖬𑖿𑖙(ṣṭha)、𑖟𑖿𑖚(dḍa)、𑖟𑖿𑖛(dḍha)、𑖬𑖿𑖜(ṣṇa)。由舌声组的五个体文衍生的五个复合体文，呼十二韵而生字，总共可以生成六十个悉昙梵字（见表 27)

4. 这几个字发音的拉丁字母注音如下：𑖭𑖿𑖝(sta)、𑖭𑖿𑖞(stha)、𑖪𑖿𑖟(vda)、𑖪𑖿𑖠(vdha)、𑖨𑖿𑖝𑖿𑖭𑖿𑖡(rtsna)。由喉声组的五个体文衍生的五个复合体文,呼十二韵而生字,总共可以生成六十个悉昙梵字(见表 27)。

5. 这几个字发音的拉丁字母注音如下：𑖭𑖿𑖢(spa)、𑖭𑖿𑖣(spha)、𑖟𑖿𑖤(dba)、𑖟𑖿𑖥(dbha)、𑖨𑖿𑖎𑖿𑖬𑖿𑖦(rkṣma)。由唇声组的五个体文衍生的五个复合体文，呼十二韵而生字，总共可以生成六十个悉昙梵字（见表 27)。

6. 这几个字发音的拉丁字母注音如下：𑖨𑖿𑖎𑖿𑖬𑖿𑖪𑖿𑖧(rkṣvya)、𑖨𑖿𑖎𑖿𑖬𑖿𑖪𑖿𑖨𑖿𑖧(rkṣvrya)、𑖩𑖿𑖝(lta)、𑖝𑖿𑖎𑖿𑖪(tkva)、𑖘𑖿𑖫(ṭśa)、𑖘𑖿𑖬(ṭṣa)、𑖭𑖿𑖮(sha)、𑖪𑖿𑖎𑖿𑖬(vkṣa)。由遍口声组的九个体文衍生出八个复合体文，其中𑖭、𑖮上下相接重合成了一个复合体文。这八个复合体文都可以呼十二韵而生字，总共可以生成九十六个悉昙梵字（见表 27）。

7. 重文：两个或两个以上的体文上下相接形成的复合体文。

8. 读之皆带阿声：这一章的复合体文读的时候最前面都带上阿声。如要读成“阿萨波”，而不是读成“萨波”。

9. 连促呼之：连起来快读。促：快速。呼：发声。

10. 滥字：遍口声组的第九个字。

11. 合娑、诃字：娑字（）和诃字（）合成了一个复合体文。

12. 唯三十三字：只有三十三个体文。唯：只有。三十五个生字体文序列中除去不生字的，加上、合二为一只能算作一个字，因此只能折算成三十三个生字的体文。

13. 于字母不次者：不能依次按体文字母的顺序组字。于：对于。次：依次，顺序。

第十八章

【原文】

孤合之文。

阿跛多、阿吒迦、阿娜萨嚩、阿吒瑟车啰[1]。右此章字类，流派无尽[2]，或通三、五摩多，读之并同上章。

当体重两[3]：多、社、吒、拏、那等字。并依本字大呼多，则不得云多多也。

联声字[4]：。上麽下盎迦，后字之声入于前，似云莽迦也。用此章字皆然。

两重摩多字[5]：部林去、齿林去、吽。 已上字有第六及第十一摩多，读之皆带两声[6]也。此是第六摩多，分布于傍也。

半体文[7]：多达，又作皆同也；祇耶当是耶字之省也。

印文字。是室梨字，西域为印也。

此类甚多，略出其状也[8]。

【译文】

第十八章讨论孤合的体文。

阿跛多、阿吒迦、阿娜萨嚩、阿吒瑟车啰。这样的字非常多，难以尽述。有些字可以和三到五个摩多配合生字，读法和以前各章相同。

同一个体文在一个字中重复两次。如多、社、吒、拏、那等字。读的时候直接根据体文读成一个音。如，只能读“多”，而不能读成“多多”。

联声字。如，上面是摩，下面是盎迦。后面的字的声进入前一个字，听着像“莽迦”。这一章类似的字都这样来读。

两重摩多字。如部林去、齿林去、吽。这两个字有第六及第十一韵母的摩多，读的时候两个摩多音都要发出来。此处

ㄑ是第六个韵母ㄛ的摩多，写的时候放在体文的右侧。

半体文。ㄟ多达，也写成ㄟ，两种写法都可以。ㄐ祇耶，应当是由ㄐ耶字简化来的下半体。

ㄕ，印记文字。是由ㄕ室（ㄕ）、ㄌ梨（ㄌ）组成的字（音译为“室梨”），西域国家作为印记。

上述情形的字很多，这里只是说说大概情况。

【注解】

1. ㄚ阿跛多、ㄚ阿吒迦、ㄚ阿娜萨嚩、ㄚ阿吒瑟车啰：“孤合”的第一种情况。即两个或多个体文相重，但又不像以前的各章那样由同一个体文和所有的其他体文组合一次。如ㄚ和ㄚ上下重合生成了ㄚ一字，但是ㄚ并不能和ㄚ、ㄚ……等其他体文也这样上下重合来生字。因此，虽然ㄚ可以配上十二韵的摩多生成十二个字，但是这种两个体文重合不可以普遍应用于所有体文，因此还是一种“孤合”。

2. 流派无尽：其他种种孤合形式很多，难以一一列举。流，分流。派，支派。

3. 当体重两：一个字由同一个体文上下相接生成，又称“自重”。

4. 联声字：两声结合在一起，称为“联声”。如ㄚ，似乎应当读作“摩盎迦”，但是因为前两个体文都是鼻音，因此第二个体文𑖒(盎)和第一个体文𑖦(摩)联声，读成“莽”，再和𑖐相拼，读成“莽迦”。

5．两重摩多字：一个字含有两个以上摩多。[illegible]（部林去）、[illegible]（齿林去）、[illegible]（吽）：都含有[illegible]、[illegible]两个韵母的摩多。

6．读之皆带两声：读的时候两个摩多的韵都要发出来。

7．半体文：只有半体，而没有体文与之对应。如[illegible]、[illegible]。[illegible](祇耶)虽然也看成半体文，但译注者更倾向于把它看成[illegible]的下半体。

8．此类甚多，略出其状：像上面这样生字的种类很多，这里只是粗略地举出一些例子。表 28、表 29 列出了上述示例中提及的那些悉昙梵字。其中表 28 是除去当体重之外的其他孤合字，表 29 是当体重的孤合字。

表 28　悉昙第十八章孤合梵字示例

孤合类型	第十八章衍生字											
异体重	[illegible]	[illegible]	[illegible]	[illegible]	[illegible]	[illegible]	[illegible]	[illegible]	[illegible]	[illegible]	[illegible]	[illegible]
	[illegible]	[illegible]	[illegible]	[illegible]	[illegible]	[illegible]	[illegible]	[illegible]	[illegible]	[illegible]	[illegible]	[illegible]
	[illegible]	[illegible]	[illegible]	[illegible]	[illegible]	[illegible]	[illegible]	[illegible]	[illegible]	[illegible]	[illegible]	[illegible]
	[illegible]	[illegible]	[illegible]	[illegible]	[illegible]	[illegible]	[illegible]	[illegible]	[illegible]	[illegible]	[illegible]	[illegible]
当体重	当体重共四百零八字（见表 29）											
联声	[illegible]	[illegible]	[illegible]	[illegible]	[illegible]	[illegible]	[illegible]	[illegible]	[illegible]	[illegible]	[illegible]	[illegible]
两重摩多	[illegible]	[illegible]	[illegible]	—	—	—	—	—	—	—	—	—
半体文	[illegible]	[illegible]	[illegible]	—	—	—	—	—	—	—	—	—
印文	[illegible]	—	—	—	—	—	—	—	—	—	—	—

表 29　当体重四百零八字

生字体文序列	第十八章衍生当体重字											
𑖎	𑖎𑖿𑖎	𑖎𑖿𑖎𑖯	𑖎𑖿𑖎𑖰	𑖎𑖿𑖎𑖱	𑖎𑖿𑖎𑖲	𑖎𑖿𑖎𑖳	𑖎𑖿𑖎𑖸	𑖎𑖿𑖎𑖹	𑖎𑖿𑖎𑖺	𑖎𑖿𑖎𑖻	𑖎𑖿𑖎𑖽	𑖎𑖿𑖎𑖾
𑖏	𑖏𑖿𑖏	𑖏𑖿𑖏𑖯	𑖏𑖿𑖏𑖰	𑖏𑖿𑖏𑖱	𑖏𑖿𑖏𑖲	𑖏𑖿𑖏𑖳	𑖏𑖿𑖏𑖸	𑖏𑖿𑖏𑖹	𑖏𑖿𑖏𑖺	𑖏𑖿𑖏𑖻	𑖏𑖿𑖏𑖽	𑖏𑖿𑖏𑖾
𑖐	𑖐𑖿𑖐	𑖐𑖿𑖐𑖯	𑖐𑖿𑖐𑖰	𑖐𑖿𑖐𑖱	𑖐𑖿𑖐𑖲	𑖐𑖿𑖐𑖳	𑖐𑖿𑖐𑖸	𑖐𑖿𑖐𑖹	𑖐𑖿𑖐𑖺	𑖐𑖿𑖐𑖻	𑖐𑖿𑖐𑖽	𑖐𑖿𑖐𑖾
𑖑	𑖑𑖿𑖑	𑖑𑖿𑖑𑖯	𑖑𑖿𑖑𑖰	𑖑𑖿𑖑𑖱	𑖑𑖿𑖑𑖲	𑖑𑖿𑖑𑖳	𑖑𑖿𑖑𑖸	𑖑𑖿𑖑𑖹	𑖑𑖿𑖑𑖺	𑖑𑖿𑖑𑖻	𑖑𑖿𑖑𑖽	𑖑𑖿𑖑𑖾
𑖒	𑖒𑖿𑖒	𑖒𑖿𑖒𑖯	𑖒𑖿𑖒𑖰	𑖒𑖿𑖒𑖱	𑖒𑖿𑖒𑖲	𑖒𑖿𑖒𑖳	𑖒𑖿𑖒𑖸	𑖒𑖿𑖒𑖹	𑖒𑖿𑖒𑖺	𑖒𑖿𑖒𑖻	𑖒𑖿𑖒𑖽	𑖒𑖿𑖒𑖾
𑖓	𑖓𑖿𑖓	𑖓𑖿𑖓𑖯	𑖓𑖿𑖓𑖰	𑖓𑖿𑖓𑖱	𑖓𑖿𑖓𑖲	𑖓𑖿𑖓𑖳	𑖓𑖿𑖓𑖸	𑖓𑖿𑖓𑖹	𑖓𑖿𑖓𑖺	𑖓𑖿𑖓𑖻	𑖓𑖿𑖓𑖽	𑖓𑖿𑖓𑖾
𑖔	𑖔𑖿𑖔	𑖔𑖿𑖔𑖯	𑖔𑖿𑖔𑖰	𑖔𑖿𑖔𑖱	𑖔𑖿𑖔𑖲	𑖔𑖿𑖔𑖳	𑖔𑖿𑖔𑖸	𑖔𑖿𑖔𑖹	𑖔𑖿𑖔𑖺	𑖔𑖿𑖔𑖻	𑖔𑖿𑖔𑖽	𑖔𑖿𑖔𑖾
𑖕	𑖕𑖿𑖕	𑖕𑖿𑖕𑖯	𑖕𑖿𑖕𑖰	𑖕𑖿𑖕𑖱	𑖕𑖿𑖕𑖲	𑖕𑖿𑖕𑖳	𑖕𑖿𑖕𑖸	𑖕𑖿𑖕𑖹	𑖕𑖿𑖕𑖺	𑖕𑖿𑖕𑖻	𑖕𑖿𑖕𑖽	𑖕𑖿𑖕𑖾
𑖖	𑖖𑖿𑖖	𑖖𑖿𑖖𑖯	𑖖𑖿𑖖𑖰	𑖖𑖿𑖖𑖱	𑖖𑖿𑖖𑖲	𑖖𑖿𑖖𑖳	𑖖𑖿𑖖𑖸	𑖖𑖿𑖖𑖹	𑖖𑖿𑖖𑖺	𑖖𑖿𑖖𑖻	𑖖𑖿𑖖𑖽	𑖖𑖿𑖖𑖾
𑖗	𑖗𑖿𑖗	𑖗𑖿𑖗𑖯	𑖗𑖿𑖗𑖰	𑖗𑖿𑖗𑖱	𑖗𑖿𑖗𑖲	𑖗𑖿𑖗𑖳	𑖗𑖿𑖗𑖸	𑖗𑖿𑖗𑖹	𑖗𑖿𑖗𑖺	𑖗𑖿𑖗𑖻	𑖗𑖿𑖗𑖽	𑖗𑖿𑖗𑖾
𑖘	𑖘𑖿𑖘	𑖘𑖿𑖘𑖯	𑖘𑖿𑖘𑖰	𑖘𑖿𑖘𑖱	𑖘𑖿𑖘𑖲	𑖘𑖿𑖘𑖳	𑖘𑖿𑖘𑖸	𑖘𑖿𑖘𑖹	𑖘𑖿𑖘𑖺	𑖘𑖿𑖘𑖻	𑖘𑖿𑖘𑖽	𑖘𑖿𑖘𑖾
𑖙	𑖙𑖿𑖙	𑖙𑖿𑖙𑖯	𑖙𑖿𑖙𑖰	𑖙𑖿𑖙𑖱	𑖙𑖿𑖙𑖲	𑖙𑖿𑖙𑖳	𑖙𑖿𑖙𑖸	𑖙𑖿𑖙𑖹	𑖙𑖿𑖙𑖺	𑖙𑖿𑖙𑖻	𑖙𑖿𑖙𑖽	𑖙𑖿𑖙𑖾
𑖚	𑖚𑖿𑖚	𑖚𑖿𑖚𑖯	𑖚𑖿𑖚𑖰	𑖚𑖿𑖚𑖱	𑖚𑖿𑖚𑖲	𑖚𑖿𑖚𑖳	𑖚𑖿𑖚𑖸	𑖚𑖿𑖚𑖹	𑖚𑖿𑖚𑖺	𑖚𑖿𑖚𑖻	𑖚𑖿𑖚𑖽	𑖚𑖿𑖚𑖾
𑖛	𑖛𑖿𑖛	𑖛𑖿𑖛𑖯	𑖛𑖿𑖛𑖰	𑖛𑖿𑖛𑖱	𑖛𑖿𑖛𑖲	𑖛𑖿𑖛𑖳	𑖛𑖿𑖛𑖸	𑖛𑖿𑖛𑖹	𑖛𑖿𑖛𑖺	𑖛𑖿𑖛𑖻	𑖛𑖿𑖛𑖽	𑖛𑖿𑖛𑖾
𑖜	𑖜𑖿𑖜	𑖜𑖿𑖜𑖯	𑖜𑖿𑖜𑖰	𑖜𑖿𑖜𑖱	𑖜𑖿𑖜𑖲	𑖜𑖿𑖜𑖳	𑖜𑖿𑖜𑖸	𑖜𑖿𑖜𑖹	𑖜𑖿𑖜𑖺	𑖜𑖿𑖜𑖻	𑖜𑖿𑖜𑖽	𑖜𑖿𑖜𑖾
𑖝	𑖝𑖿𑖝	𑖝𑖿𑖝𑖯	𑖝𑖿𑖝𑖰	𑖝𑖿𑖝𑖱	𑖝𑖿𑖝𑖲	𑖝𑖿𑖝𑖳	𑖝𑖿𑖝𑖸	𑖝𑖿𑖝𑖹	𑖝𑖿𑖝𑖺	𑖝𑖿𑖝𑖻	𑖝𑖿𑖝𑖽	𑖝𑖿𑖝𑖾
𑖞	𑖞𑖿𑖞	𑖞𑖿𑖞𑖯	𑖞𑖿𑖞𑖰	𑖞𑖿𑖞𑖱	𑖞𑖿𑖞𑖲	𑖞𑖿𑖞𑖳	𑖞𑖿𑖞𑖸	𑖞𑖿𑖞𑖹	𑖞𑖿𑖞𑖺	𑖞𑖿𑖞𑖻	𑖞𑖿𑖞𑖽	𑖞𑖿𑖞𑖾
𑖟	𑖟𑖿𑖟	𑖟𑖿𑖟𑖯	𑖟𑖿𑖟𑖰	𑖟𑖿𑖟𑖱	𑖟𑖿𑖟𑖲	𑖟𑖿𑖟𑖳	𑖟𑖿𑖟𑖸	𑖟𑖿𑖟𑖹	𑖟𑖿𑖟𑖺	𑖟𑖿𑖟𑖻	𑖟𑖿𑖟𑖽	𑖟𑖿𑖟𑖾
𑖠	𑖠𑖿𑖠	𑖠𑖿𑖠𑖯	𑖠𑖿𑖠𑖰	𑖠𑖿𑖠𑖱	𑖠𑖿𑖠𑖲	𑖠𑖿𑖠𑖳	𑖠𑖿𑖠𑖸	𑖠𑖿𑖠𑖹	𑖠𑖿𑖠𑖺	𑖠𑖿𑖠𑖻	𑖠𑖿𑖠𑖽	𑖠𑖿𑖠𑖾
𑖡	𑖡𑖿𑖡	𑖡𑖿𑖡𑖯	𑖡𑖿𑖡𑖰	𑖡𑖿𑖡𑖱	𑖡𑖿𑖡𑖲	𑖡𑖿𑖡𑖳	𑖡𑖿𑖡𑖸	𑖡𑖿𑖡𑖹	𑖡𑖿𑖡𑖺	𑖡𑖿𑖡𑖻	𑖡𑖿𑖡𑖽	𑖡𑖿𑖡𑖾
𑖢	𑖢𑖿𑖢	𑖢𑖿𑖢𑖯	𑖢𑖿𑖢𑖰	𑖢𑖿𑖢𑖱	𑖢𑖿𑖢𑖲	𑖢𑖿𑖢𑖳	𑖢𑖿𑖢𑖸	𑖢𑖿𑖢𑖹	𑖢𑖿𑖢𑖺	𑖢𑖿𑖢𑖻	𑖢𑖿𑖢𑖽	𑖢𑖿𑖢𑖾
𑖣	𑖣𑖿𑖣	𑖣𑖿𑖣𑖯	𑖣𑖿𑖣𑖰	𑖣𑖿𑖣𑖱	𑖣𑖿𑖣𑖲	𑖣𑖿𑖣𑖳	𑖣𑖿𑖣𑖸	𑖣𑖿𑖣𑖹	𑖣𑖿𑖣𑖺	𑖣𑖿𑖣𑖻	𑖣𑖿𑖣𑖽	𑖣𑖿𑖣𑖾
𑖤	𑖤𑖿𑖤	𑖤𑖿𑖤𑖯	𑖤𑖿𑖤𑖰	𑖤𑖿𑖤𑖱	𑖤𑖿𑖤𑖲	𑖤𑖿𑖤𑖳	𑖤𑖿𑖤𑖸	𑖤𑖿𑖤𑖹	𑖤𑖿𑖤𑖺	𑖤𑖿𑖤𑖻	𑖤𑖿𑖤𑖽	𑖤𑖿𑖤𑖾
𑖥	𑖥𑖿𑖥	𑖥𑖿𑖥𑖯	𑖥𑖿𑖥𑖰	𑖥𑖿𑖥𑖱	𑖥𑖿𑖥𑖲	𑖥𑖿𑖥𑖳	𑖥𑖿𑖥𑖸	𑖥𑖿𑖥𑖹	𑖥𑖿𑖥𑖺	𑖥𑖿𑖥𑖻	𑖥𑖿𑖥𑖽	𑖥𑖿𑖥𑖾

续表

生字体文序列	第十八章衍生当体重字											
[illegible]	[illegible]	[illegible]	[illegible]	[illegible]	[illegible]	[illegible]	[illegible]	[illegible]	[illegible]	[illegible]	[illegible]	[illegible]
[illegible]	[illegible]	[illegible]	[illegible]	[illegible]	[illegible]	[illegible]	[illegible]	[illegible]	[illegible]	[illegible]	[illegible]	[illegible]
[illegible]	[illegible]	[illegible]	[illegible]	[illegible]	[illegible]	[illegible]	[illegible]	[illegible]	[illegible]	[illegible]	[illegible]	[illegible]
[illegible]	[illegible]	[illegible]	[illegible]	[illegible]	[illegible]	[illegible]	[illegible]	[illegible]	[illegible]	[illegible]	[illegible]	[illegible]
[illegible]	[illegible]	[illegible]	[illegible]	[illegible]	[illegible]	[illegible]	[illegible]	[illegible]	[illegible]	[illegible]	[illegible]	[illegible]
[illegible]	[illegible]	[illegible]	[illegible]	[illegible]	[illegible]	[illegible]	[illegible]	[illegible]	[illegible]	[illegible]	[illegible]	[illegible]
[illegible]	[illegible]	[illegible]	[illegible]	[illegible]	[illegible]	[illegible]	[illegible]	[illegible]	[illegible]	[illegible]	[illegible]	[illegible]
[illegible]	[illegible]	[illegible]	[illegible]	[illegible]	[illegible]	[illegible]	[illegible]	[illegible]	[illegible]	[illegible]	[illegible]	[illegible]
[illegible]	[illegible]	[illegible]	[illegible]	[illegible]	[illegible]	[illegible]	[illegible]	[illegible]	[illegible]	[illegible]	[illegible]	[illegible]
[illegible]	全不生字，但[illegible]自身可看成[illegible]当体重的衍生字											
[illegible]	[illegible]	[illegible]	[illegible]	[illegible]	[illegible]	[illegible]	[illegible]	[illegible]	[illegible]	[illegible]	[illegible]	[illegible]

【原文】

前叙云，啰[1]于生字，不应遍诸章，谓第二、第四、五、六、七章用之，其字则属第八章也[2]。若第三及第八章用之，成当体重，非此章字也[3]。若第九已下四章用之，则更重重，全非字也[4]。其啰字当体重[5]，及重章中当体重，书者至此，但存一重字，不须生十二也。虽或有用处，亦通三、五摩多，非遍能生，故不入此生字之内。缘存一当体重字，故云容之勿生也。后第十八云，或当体两字重之，但依字大呼，谓多、阇、吒、拏等，各有重成也。等者，等余字母，并有重成之用也。但大呼之，不得言多多、啰啰等也。

【译文】

前面提到，用𑖨啰组字的规则不适用于所有各章。也就是说如果在第二及第四～第七章用𑖨，所生的字应该归到第八章。如果第三章和第八章用𑖨，就成了当体重叠，所形成的字也不属于这两章。如果从第九章开始的四章用𑖨，那么自重多次，组成的根本就不是字。在上述各章，𑖨字自己和自己重叠，或者在重章中自己和自己重叠，凡写到这样的字，只要有一个重字，就不用考虑和韵母配合再生十二个字的事情了。虽然也有用𑖨生字的地方，并且也能和三～五个摩多搭配组合，但是并不是普遍适用的，所以不放在相应章中能生字的体文序列。因为当体重毕竟存在，因此说暂且留着，先不用来生字。最后一章即十八章提到同一个体文在一个字中重叠时，读时只能就这个体文“大呼”。比如𑖝多、𑖕阇、𑖘吒、𑖜拏等字在该章都有自重的情形，都要这样来读。“等”是说其他体文也能通过自重衍生新字，凡这样生成的字，都要大呼自重的体文，不能读成“多多”“啰啰”，等等。

【注解】

1．啰：即遍口声第二个体文𑖨。

2．谓第二、第四、五、六……第八章也：第二章及第四～

第七章，都是以各体文字母依次在下面接𑖧、𑖩、𑖪、𑖦、𑖡等体文来生字。当轮到下面的体文是𑖨时，所生成的字应该归入第三章或第八章。因为第三章是以𑖨为下半体，上面依次接其他体文生成的字；而第八章则是以𑖨为上半体，下面依次接其他体文生成的字。因此在第二章及第四～第七章，在依次生字的体文序列中排除了第二章及第四～第七章。

3．若第三……非此章字也：无论是第三章还是第八章，在依次生字的体文序列中轮到𑖨时，就形成了“当体重”，即一个体文字母在同一个字中紧挨着出现了两次。因此在这两章，也要把𑖨从依次生字的体文序列中排除。

4．若第九……全非字也：第九章～第十四章是三个体文组成的复合体文。最上面的体文为𑖨，最下面的体文分别为𑖧、𑖨、𑖩、𑖪、𑖦、𑖡，中间依次放𑖎、𑖏、𑖐、𑖑……当轮到𑖨时，就出现了同一个体文𑖨自重两次甚至三次的情形。因此在第九章～第十四章也要把𑖨从依次生字的序列中排除。

5．啰字当体重：在第二、三、八、九、十共五个余单章中𑖨当体重。不管是在余单章还是在重章中，遇到𑖨形成了当体重时，就不用再考虑如何配合十二韵摩多生十二个字的事情了。

附录：悉昙字记 · 原文

悉昙字记

（南天竺般若菩提悉昙）

大唐山阴沙门智广记

悉昙，天竺文字也。西域记云：梵王所制，原始垂则四十七言。寓物合成，随事转用；流演支派，其源浸广。因地随人，微有改变，而中天竺特为详正。边裔殊俗，兼习讹文，语其大较，本源莫异。斯梗概也。

顷尝诵陀罗尼，访求音旨，多所差舛。会南天竺沙门般若菩提，赍陀罗尼梵挟，自南海而谒五台，寓于山房。因从受焉。与唐书旧翻，兼详中天音韵，不无差反。考核源滥，所归悉昙。

梵僧自云：少字学于先师般若瞿沙，声明文辙，将尽微致。南天祖承摩醯首罗之文，此其是也。而中天兼以龙宫之文，有与南天少异，而纲骨必同。健驮罗国喜多迦文独将尤异。而字之由，皆悉昙也。因请其所出，研审翻注。即其杼轴，科以成章。音虽少殊，文轨斯在。效绝域之典，弗尚诡异。以真言唐书召梵语，仿佛而已，岂若观其本文哉！俾学者不逾信宿，而悬通梵音，字余七千，功少用要，懿夫，圣人利物之智也。总持一文，理含众德，其在兹乎！虽未具观彼史诰之流别，而内经运用，固亦备矣。然五天之音，或若楚夏矣，中土学者，方审详正。窃书简牍，以记遗文。

古谓梵书曰胡文者。案西域记，其阎浮地之南，五天之境，梵人居焉。地周九万余里，三垂大海，北背雪山。时无轮王膺运，中分七十余国，其总曰五天竺，亦曰身毒，或云印度，有曰大夏是也。人远承梵王，虽大分四姓，通谓之婆罗门国。佛现于其中，非胡土也。而雪山之北，傍临葱岭，即胡人居焉。其字元制有异，良以境邻天竺文字参涉。所来经论，咸依梵挟，而风俗则效习其文，粗有增损。自古求请佛经，多于彼获之。鱼鲁浑淆，直曰胡文，谬也！

其始曰悉昙。而韵有六，长短两分，字十有二，将冠下章之首。对声呼而发韵，声合韵而字生焉，即𑖀阿上声短呼、𑖁阿平声长呼等是也。其中有𑖋纥里二合等四文，悉昙有之，非生字所用，今略也。

其次体文，三十有五。通前悉昙，四十七言明矣。声之所发，则牙、齿、舌、喉、唇等，合于宫商，其文各五。遍口之声文有十。此中𑖨啰曷力遐三声合也，于生字不应遍诸章。诸章用之，多属第八。及成当体重，或不成字，如后具论也。

𑖩罗声，全阙生用，则初章通罗除之一。除罗字，罗鉴反。

余单章除之二。除啰、罗二字。即第二、第三及第八、第九、第十章也。字非重成，简于第一，故云余单章也。

重章除之三。重成也，即第四、五、六、七及第十一已下四章也。

异章句末为他所用，兼下除之六。即盘迦章字牙、齿、舌等句末之第五字，为上四字所用，亦不可更自重，故除之也。

自除之余，各遍能生，即𑖎迦、𑖏佉等是也。生字之章一十有七，各生字殆将四百，则梵文彰焉。

正章之外，有孤合之文。连字重成，即字名也。有十一摩多啰，此犹点画。两个半体，兼合成文。阿、阿等韵生字用十摩多。后字傍点，名毗洒勒沙尼，此云去声，非为摩多。讫里章用一别摩多里。耶半体用祇耶，兼半体啰也。

初章

将前三十四文，对阿、阿等十二韵呼之，增以摩多，生字四百有八，即迦上、迦平等是也。迦之声下，十有二文，并用迦为字体，以阿、阿等韵呼之，增其摩多，合于声韵，各成形也。佉、伽等声下例之，以成于一章。

次下十有四章，并用初章为字体，各随其所增，将阿、阿等韵，对所合声字呼之，后增其摩多。遇当体两字将合，则容之勿生。谓第四章中重罗，第五重嚩房柯反，第六重麽，第七重那等是也。十一已下四章，如次同上之四章，同之除。

第二章

将半体中祇耶，合于初章迦、迦等字之下，名枳也、枳耶，生字三百九十有六。枳字几尔反。今详枳耶当是耶字之省也，若然亦同除重，唯有三百八十四。先书字体三百九十六，然将祇耶合之，后加摩多。夫重成之字，下者皆省除头也。已下并同也。

第三章

将啰字合于初章迦、迦等字之下，名迦上略上、迦平略平，生字三百九十有六。上略力价反，下略力迦反。上迦下迦并同略之平上取声。他皆效之也。

第四章

将攞字合初章字之下，名迦攞、迦攞，生字三百八十有四。攞字洛可反。

第五章

将嚩字合初章字之下，名迦嚩上、迦嚩平，生字三百八十有四。嚩字房可反。

第六章

将麽字合初章字之下，名迦麽、迦麽，生字三百八十有四。

第七章

将曩字合初章字之下，名迦那、迦那，生字三百八十有四。

第八章

将半体啰加初章字之上，名阿勒迦、阿勒迦，生字三百九十有六。勒字力德反，下同。

第九章

将半体啰加第二章字之上，名阿勒枳耶、阿勒枳耶，生字三百八十有四。若祇耶是耶省，亦同除重。

第十章

将半体 啰加第三章字之上，名 阿勒迦略、 阿勒迦略，生字三百九十有六。略平、上。

第十一章

将半体 啰加第四章字之上，名 阿勒迦罗、 阿勒迦罗，生字三百八十有四。

第十二章

将半体 啰加第五章字之上，名 阿勒迦嚩、 阿勒迦嚩，生字三百八十有四。

第十三章

将半体 啰加第六章字之上，名 阿勒迦麽、 阿勒迦麽，生字三百八十有四。

第十四章

将半体 啰加第七章字之上，名 阿勒迦那、 阿勒迦那，生字三百八十有四。

第十五章

以 迦、 遮、 吒、 多、 波等句末之第五字，各加于当句前四字之上，及初句末字，加后耶等九字之上，名 盎迦、 安遮、 安吒、 安多、 唵波、 盎耶等。其必不自重，唯二十九字，不由韵合，名为异章。各用阿、阿等韵呼之，生字三百四十有八。盎字阿党反，安字并阿亶反，唵字阿感反。

第十六章

用迦等字体，以别摩多合之，谓之讫里，成字三十有四。或有加前摩多得成字用，非遍能生。且据本字言之，今详“讫里”之摩多，只是悉昙中“里”字也。

第十七章

用迦等字体，参互加之，有三十三字。随文受称，谓阿索迦等。各用阿、阿等韵呼之，生字三百九十有六。

第十八章

正章之外，有孤合之文。或当体两字重之，但依字大呼。谓多、阇、吒、拏等字，各有重成也。或异体字重之，即连声合呼。谓悉多罗等是也。或不具通摩多，止为孤合之文。即瑟吒罗等字，有通三、五摩多也。或虽生十二之文，而字源不次，其犹之孤。即阿悉多罗等也。或虽异重，不必依重以呼之。此五句之末字，加其句之初，即名盎迦等，属前章也。或两字联声，文形其后，声彰其前。如“麽盎迦”三合等字，似云“莽迦”等也。或字一而名分。如沙字有沙孚（府珂反），二音犹假借也。或用摩多之文，重增其摩多，而音必兼之。如部林二合字，从裒（菩侯反）、娄（力钩反）与第十一摩多也。或形非摩多，独为严字之文。如字之上有仰月之画也。或有所成而异其名。谓数字重成一字，而其下必正呼，中上连合短呼之，不必正其音。如上娑下迦，称阿索迦等也。或有其声而无其形。此即阿索迦章等字，字则无阿，读之皆带其音也。或不从字生，独为半体之文。如怛达、祇耶等，用则有之，字体无也。或字有所阙，则加怛达之文，而音掣呼之。如迦、佉等字，下有达画则云秸（吉八反）、稧（苦八反）等也。或源由字生，增于异形。如室梨字，犹有奢罗之象，错成印文，若篆籀也。或考之其生，异之其形。讫里、俱罗、俱娄等，从迦之省；及胡卢等文，摩多之异，犹草隶也。

斯则梵书之大观焉。

悉昙字记

娜麽娑上啰嚩二合社若而也反，二合也悉昙去声。已上题目。

悉昙

，短阿字。上声，短呼，音近恶引。

，长阿字。依声长呼，别体作。

，短伊字。上声，声近于翼反，别体作。

，长伊字。依字长呼，别体作。

，短瓯字。上声，声近屋，别体作。

，长瓯字。长呼，别体作。

，短蔼字。去声，声近櫻系反。

，长蔼字。近于界反。

，短奥字。去声，近污，别体作。

𑖌，长奥字。依字长呼，别体作𑖌。

𑖀𑖽，短暗字。去声，声近于鉴反，别体作𑖀𑖽。

𑖀𑖾，长痾字。去声，近恶。

义净三藏云：“上之三对，上短下长；下三对，上长下短。”

右悉昙十二字，为后章之韵。如用迦字之声，对阿、伊、瓯等十二韵呼之，则生得下迦、机、钩矩侯反等十二字；次用佉字之声，则生得佉、欺、丘区侯反等十二字；次生伽、其、求瞿侯反等十二字；已下例然。且先书短迦字一十二文，从第二字已下加其摩多，即字形别也；用悉昙韵呼之，则识其字名也。佉、伽已下至叉字例然，以成一章。

旧云十四音者，即于悉昙十二字中瓯字之下，次有𑖆纥里、𑖇纥梨、𑖈里、𑖉梨四字。即除前悉昙中最后两字，谓之界畔字也，余则为十四音。今约生字，除纥里等四字也。

体文(亦曰字母)

𑖎，迦字。居下反，音近姜可反。

𑖏，佉字。去下反，音近去可反。

𑖐，伽字。渠下反，轻音，音近其下反。余国有音疑可反。

𑖑，伽字。重音，渠我反。

𑖒，哦字。鱼下反，音近鱼可反。余国有音鱼讲反。别体作𑖒，加摩多。

已上五字牙声。

𑖓，者字。止下反，音近作可反。

𑖔，车字。昌下反，音近仓可反。别体作𑖔。

𑖕，社字。杓下反，轻音，音近作可反。余国有音而下反。别体作𑖕。

𑖖，社字。重音，音近昨我反。

𑖗，若字。而下反，音近若我反。余国有音壤。别体作𑖗。

已上五字齿声。

𑖘，咤字。卓下反，音近卓我反。别体作𑖘，加摩多。

𑖙，侘字。拆下反，音近折我反。别体作𑖙。

𑖚，荼字。宅下反，轻音。余国有音搦下反。

𑖛，荼字。重音，音近幢我反。

𑖜，拏字。搦下反，音近搦我反。余国有音拏讲反。别体作𑖜，加摩多。

已上五字舌声。

𑖝，多字。怛下反，音近多可反。别体作𑖝。

𑖞，他字。他下反，音近他可反。

𑖟，陀字。大下反，轻音。余国有音陀可反。

𑖠，陀字。重音，音近陀可反。

𑖡，那字。捺下反，音近那可反。余国有音曩。别体作𑖡。

已上五字喉声。

𑖢，波字。钵下反，音近波我反。

𑖣，颇字。破下反，音近破我反。

𑖤，婆字。罢下反，轻音。余国有音麽。字下不尖，异后。

𑖥，婆字。重音，薄我反。

𑖦麽字。莫下反，音近莫可反。余国有音莽。

已上五字唇声。

𑖧，也字。药下反，音近药可反。又音祇也反，讹也。

𑖨，啰字。曷力下反，三合。卷舌呼啰。

𑖩，罗字。洛下反，音近洛可反。

𑖪，嚩字。房下反，音近房可反。旧又音和。一云字下尖。

𑖫，奢字。舍下反，音近舍可反。

𑖬，沙字。沙下反，音近沙可反。一音府下反。

𑖭，娑字。娑下反，音近娑可反。

𑖮，诃字。许下反，音近许可反。一本音贺。

𑖩𑖿𑖩𑖽，滥字。力陷反，音近郎绀反。

𑖎𑖿𑖬，叉字。楚下反，音近楚可反。

已上十字遍口声。

右字体三十五字，后章用三十四字为体。唯滥字全不能生，余随所生，具如当章论之。

第一章

𑖎迦、𑖎𑖯迦。

右初章生字四百有八。先于字母中，每字平书一十二文；次将摩多如次点之，则字形别也；用悉昙韵呼之，则识其字名也。其摩多有别体者，任逐便用之，皆通。此初章为后相次六章之体。先书此章字，但除重及啰、罗三字，合三十二字，所生三百八十四字。即将也等字，如次于下合之，后加摩多，则字字别也。将悉昙十二韵相对呼之，则识其字名也。恐未晓悟，更每章头书一、二数字，以为规准，后皆效此。

第二章

己也二合、纪耶二合、纪以二合、纪夷二合、矩庾二合、矩俞二合、枳曳二合、枳歆与盖反、句俞二合、句曜庾告反、矩焰、迦上夜。已上第二章初字所生一十二文，后皆效此。读者连带转声调韵呼之。

第三章

迦上略上、迦平略平、己里、机厘、苟溇、钩娄吕钩反。余同上。

第四章

迦攞上、迦攞平。

第五章

迦嚩上、迦嚩平。

第六章

迦麽、迦麽。

第七章

迦娜、迦娜。

第八章

阿勒迦上、阿勒迦平、伊上力纪、伊力机、欧鹿苟上、欧鹿钩平、医力蓟、医力介、阿勒句、阿勒憍脚号反、阿勒剑、阿勒迦去。

右第八章字同初章，但用半体啰加诸字上，后点摩多也。又此章为后相次六章字体，同前第二已下也，但加半体啰也。

第九章

阿勒已也、阿勒枳耶。

第十章

阿勒迦略上、阿勒迦啰。

第十一章

阿勒迦攞、阿勒迦攞。

第十二章

阿勒迦嚩上、阿勒迦嚩平。

第十三章

阿勒迦麽、阿勒迦麽。

第十四章

阿勒迦娜、阿勒迦娜。

第十五章

盎迦上、盎迦平、应上纪、应机、蓊苟俱口反、蓊钩俱候反、蘡于项反荆、蘡介、拥句、拥憍脚傲反、盎鉴、盎迦去。已上迦字上用盎字冠之，生十二字。

盎佉上、盎佉平。生十二字，同上迦字用摩多及呼字转声法。下同。

盎伽上、盎佉平。生十二字，同上。

盎伽上、重，盎佉平、重。生十二字，同上。

字。并将冠上四字之首，不复自重；后皆效此。已上牙声之字，皆用盎声。

安者、安遮。生十二字，同上。此是字之省。

安车上、安车。生十二字。

安社、安阇。生十二字。

安社重、安阇重。生十二字。

字。为上四字所用，不可更自重。已上齿声之字，同用安音，阿亶反。

安吒上、安吒平。生十二字。

安侘上、丑加反，安侘。生十二字。

安茶上、安茶。生十二字。

安茶上、重，安茶重音。生十二字。

字。为上四字所用，不可更自重。此字有自重者，便属别章，则大呼拏音，非盎拏也。余并同此也。已上舌声四字，同用安声。

安多上、安多。生十二字。

安他上、安他。生十二字。

安挓上、安挓。生十二字。

安陀上、重，安陀重音。生十二字。

字。为上四字所用，不可更自重，若重属别章。已上喉声之字，同用安声。

唵跛、唵跛。生十二字。

唵颇上、唵颇平。生十二字。

唵婆上、唵婆。生十二字。

唵婆上、重音，唵婆重。生十二字。

字。为上四字所用，不更自重。已上唇声之字，同用唵声。

盎也、盎耶。生十二字。

盎啰上、盎啰。生十二字。

盎攞上、盎攞。生十二字。

盎嚩上、盎嚩平。生十二字。

盎舍、盎奢。生十二字。

盎洒、盎沙。生十二字。

盎娑上、盎娑平。生十二字。

盎诃上、盎诃。生十二字。

盎叉上、盎叉。生十二字。

右此章字，两字重成，不得依字呼之，异于诸章，故云异章。然盎、安等将读之际，潜带其音，亦不分明称盎、安也。

第十六章

讫里、乞里、佉里、佉里重音、龇里；齿里、质里、实里、实里重音、日里。已下并同。吉里反，但用于下合之，读者取其声势。亦有用摩多得重成字用，非遍能生也。

第十七章

阿索迦生十二字、阿索佉已下各生十二字、阿拖伽、阿拖伽重、盎迦怛啰。

阿嚩遮、阿伐车、阿伐社、阿伐阇重、阿社若。

阿瑟吒、阿瑟侘、阿拖荼、阿拖荼重、阿瑟拏。

阿萨多、阿萨他、阿伐拖、阿伐拖重、阿勒多萨那。

阿萨波、阿萨颇、阿拖婆、阿拖婆重、阿勒叉麽。

阿勒叉微耶、阿勒叉微厘耶、阿刺多、阿多迦嚩、阿吒奢、阿吒沙、阿沙诃、阿婆叉。已上一章重文，读之皆带阿声，连促呼之。此章亦除滥字，又合娑、诃字，唯三十三字，皆通十二字加摩多也。其于字母不次者，分入后章。

第十八章

孤合之文。

阿跛多、阿吒迦、阿娜萨嚩、阿吒瑟车啰。右此章字类，流派无尽，或通三、五摩多，读之并同上章。

当体重两：多、社、吒、拏、那等字。并依本字大呼多，则不得云多多也。

联声字：。上麽下盘迦，后字之声入于前，似云莽迦也。用此章字皆然。

两重摩多字：部林去、齿林去、吽。已上字有第六及第十一摩多，读之皆带两声也。此是第六摩多，分布于傍也。

半体文：多达，又作皆同也；祇耶当是耶字之省也。

印文字。是室梨字，西域为印也。

此类甚多，略出其状也。

前叙云，啰于生字，不应遍诸章，谓第二、第四、五、六、七章用之，其字则属第八章也。若第三及第八章用之，成当体重，非此章字也。若第九已下四章用之，则更重重，全非字也。其啰字当体重，及重章中当体重，书者至此，但存一重字，不须生十二也。虽或有用处，亦通三、五摩多，非遍能生，故不入此生字之内。缘存一当体重字，故云容之勿生也。后第十八云，或当体两字重之，但依字大呼，谓多、阇、吒、拏等，各有重成也。等者，等余字母，并有重成之用也。但大呼之，不得言多多、啰啰等也。

参考文献

1. Robert，E. Buswell and Donald，S. Lopez. The Prince-ton Dictionary of Buddhism[M]. New Jersey：Princeton University Press，2014.

2. 安然. 悉昙藏[M]. 大正新修大藏经，第 84 册，第 2702 部，1934.

3. 安然. 悉昙十二例[M]. 大正新修大藏经，第 84 册，第 2703 部，1934.

4. 淳祐. 悉昙集記[M]. 大正新修大藏经，第 84 册，第 2705 部，1934.

5. 丁福保. 佛学大百科全书[M]. 北京：中国书店，2011.

6. 法云. 翻译名义集校注[M]. 富世平，校注. 北京：中华书局，2020.

7. 郭元兴. 悉昙字记[M]// 中国佛教协会. 中国佛教（第四辑）. 上海：东方出版中心，1989.

8. 淨嚴. 悉曇輪略圖抄[M]. 大正新修大藏经，第 84 册，第 2710 部，1934.

9. 空海. 梵字悉昙字母释义[M]. 大正新修大藏经，第 84 册，第 2701 部，1934.

10．了尊．悉曇輪略圖抄[M]．大正新修大藏经，第 84 册，第 2709 部，1934．

11．林光明，林怡馨．梵字悉昙入门[M]．台北：嘉丰出版社，2007．

12．明覺．悉曇要訣[M]．大正新修大藏经，第 84 册，第 2706 部，1934．

13．明覺．悉曇要訣[M]．大正新修大藏经，第 84 册，第 2707 部，1934．

14．南怀瑾．中国佛教发展史略[M]．上海：复旦大学出版社，2009．

15．谭世宝．悉昙学与汉字音学新论[M]．北京：中华书局，2009．

16．信範．悉曇祕傳記[M]．大正新修大藏经，第 84 册，第 2708 部，1934．

17．玄奘，辩机. 大唐西域记[M]．董志翘，译注．北京：中华书局，2012．

18．玄奘，辩机. 大唐西域记[M]．季羡林，等，校．北京：中华书局，1985．

19．玄昭．悉昙略记[M]．大正新修大藏经，第 84 册，第 2704 部，1934．

20．义净. 南海寄归内法传校注[M]. 王邦维，校注．北京：中华书局，2020．

21. 宥快. 悉昙字记闻书[M]. 刻本. 国家图书馆藏书.

22. 智广. 悉昙字记[M]. 南京：金陵刻经处，2011.

23. 智广. 悉昙字记[M]//佛藏辑要. 第32册. 成都：巴蜀书社，1993.

24. 周广荣. 梵语《悉昙章》在中国的传播与影响[M]. 北京：宗教文化出版社，2004.

25. 宗叡. 悉昙私记[M]. 陈开勇，点校. 北京：人民文学出版社，2019.